도시에서
화목을
꿈꿉니다

이 성과는 정부(환경부)의 재원으로 한국환경산업기술원의 녹색복원 특성화대학원 사업의 지원을 받아 수행된 연구입니다.

조경학자가 들려주는
사계절 식물 교양수업

도시에서
화목을
꿈꿉니다

김영하 지음

꽃과 나무, 사람이
어우러지는 도시를 꿈꾸는
다정한 안내서

여러분의 가정은 화목한가요?

누구나 한 번쯤은 마음속에 화목한 가정의 모습을 그려봅니다.

서로의 온기를 나누고, 사소한 일상도 기꺼이 이야기할 수 있는 그런 집.

저 역시 그랬습니다. 엄마를 꼭 닮은 딸아이와 손을 잡고 호숫가 공원을 산책하는 풍경을 떠올리며, 화목한 가정을 이루는 상상을 하곤 했습니다.

가정家庭이란 집 가家 자와 뜰 정庭 자를 합친 말입니다. 단지 집만으로는 가정이 완성되지 못한다는 뜻이겠지요. 가족에게는 함께 머물고, 바라보고, 마주 앉아 대화할 수 있는 공간인 뜰이 필요합니다.

그러나 우리는 그 '뜰'을 잃어가고 있습니다. 한국 사회는 빠른 경제 성장을 위해 산업화와 도시화를 부추기며 마당이 없는 아파트라는 주거 환경을 택했습니다. 조부모와 손주가 함께 사는 대가족에서 핵가족 중심으로 주거 형태가 변화하는 동안, 뜰庭이 사라지고 어느새 우리 곁에는 집家만이 남았습니다.

저는 가끔 어머니와 저, 그리고 제 아이가 모두 다른 시대를 살아간다는 생각에 잠기곤 합니다. 가족이 함께 걷던 너른 마당도, 아이들이 뛰놀던 나무 아래 그늘도, 잠시 앉아 쉬어가던 나지막한 돌계단도 언젠가부터 주변에서 사라졌습니다. 화단에 피어난 봉숭아꽃으로 손톱을 물들일 때 퍼지던 풀내음도, "아빠는 과꽃을 좋아했지요. 꽃이 피면 꽃밭에서 아주 살았죠"라는 동요 가사도, 이제는 모두 이전 세대만의 기억이 되었습니다.

아파트는 방 중심의 개인화된 생활에 적합한 구조입니다. 각자의 생활을 존중하고 프라이버시를 보호한다는 이점도 있는 반면, 자연스러운 교류의 기회를 약화시켰습니다. 가족 간의 단절이 더 깊어지는 것이지요. 스마트폰 하나로 전 세계 사람들과 소통할 수 있는 세상에 살면서도 오히려 가족 간의 대화는 점점 줄어들고 있습니다.

그렇다면, 아파트家 안에 뜰庭을 마련하면 지금의 문제가 해결될까요?

그것만으로는 부족합니다. 세상은 점점 빠르게 변화하고, 앞서 말했듯 저와 제 아이는 서로 다른 시대를 살아가고 있으니까요. 집 앞에 정원을 설계한다 해도 여전히 우리는 각자 공간에서 스마트폰만 붙들고 있을 것입니다.

지하철에 탄 모두가 고개를 숙인 채 스마트폰 화면을 바라봅니다. 사람이 아닌 스마트폰과 눈을 맞춥니다. 우리 아이들은 이제 부모가 아닌 인공지능 챗봇에게 속마음을 털어놓습니다.

초연결·초지능 사회는 실시간으로 모든 정보를 연결해 편리함을 가져다주지만, 그럴수록 우리는 점점 더 외로워지고 있습니다. 기술은 시공간과 정보는 연결할 수 있어도 인간 간의 정서적 감정 연결에는 실패하고 말았습니다.

'정원'은 고사하고, 정情을 나눌 시간조차 서로에게 내어주지 않는 이 시대에, 우리는 어떻게 다시 가족 간의 소통을 회복하고, 화목한 가정을 꾸려나갈 수 있을까요? 생성형 AI 같은 디지털 기술이 아닌 진정한 해법은 어디에 있을까요?

식물을 바라보시라고 저는 말씀드리고 싶습니다. 하버드대학교 생물학 교수 에드워드 윌슨은 말합니다.

"인간의 본성 깊숙한 곳에는 생명에 대한 애착이 자리하고 있다."

우리가 식물에 이끌리는 이유는 그 안에서 생명과 회복의 가능성을 발견하기 때문일지 모릅니다. 정원에서 있는 힘껏 꽃을 피우는 식물을 통해 우리가 잃어가고 있는 정서적 감정을 되찾아야 할 때입니다.

이 책은 조경학자의 눈으로 바라본 식물과 도시, 그리고 정원의 이야기입니다.

식물의 터전을 훼손하면서 시작된 기후위기 시대와, 식물과 인간이 함께 숨 쉬는 지구를 위해 지금 꼭 필요한 식물에 대한 사유를 담았습니다.

이 책을 펼쳐 들고서, 식물이 우리 곁 어디서 숨 쉬고 있는지 살펴보시기 바랍니다.

굳이 큼지막한 도시공원, 근사한 정원으로 나갈 필요는 없습니다. 집에 마당이 없더라도 괜찮습니다. 아파트 베란다의 초록 공간, 작은 화분 하나, 횡단보도에서 마주친 가로수 한 그루에 눈길을 주는 것부터 시작해 보세요. 그곳이 어디든 여러분이 있는 자리에서 식물을 발견하고, 식물과 함께 호흡하며, 책에 담긴 이야기를 천천히 따라가 보세요.

식물이 있는 곳에서 생명이 자라나고, 생명이 자라는 곳에서 대화가 피어나며, 대화가 피어나는 곳에서 다시 '화목한 가정'이란 열매가 맺어질 거라고 저는 믿습니다. 식물을 가꾸는 것은 마음을 가꾸는 일이고, 더 나아가 관계를 가꾸는 일이기도 하니까요.

도시 곳곳에서 크고 작은 뜰을 만날 수 있는 다정多庭하고 다정한 세상.

꽃花과 나무木를 돌보면서 계절의 기억을 함께 공유할 수 있는 화목한 세상을 꿈꾸며,

이제, 식물 교양수업을 시작하겠습니다.

목차

봄, 1학기

1장
우리 곁의 식물을 들여다본 적 있나요?
지구의 시간 속, 식물의 출현과 진화의 여정

2장
마지막으로 꽃향기를 맡아본 게 언제인가요?
눈앞에 펼쳐지는 식물의 첫인사

3장
인간은 왜 식물과 함께 살아야만 할까요?
호흡과 식량: 식물이 제공해 준 삶의 기반

여름, 계절학기

4장
여름꽃을 보며 '오늘'의 기쁨에 젖어볼까요?
녹음 짙은 계절에 발견하는 생명의 경이

가을, 2학기

5장
미래를 위한 정답지는 어디에 있을까요?
위기의 시대, 공진화를 위한 사유

6장

식물이 물들인 도시의 색을 더 감상해 볼까요?

저무는 계절에 배우는 식물의 지혜

7장

우리는 왜 정원을 가꿔야 할까요?

공원에서 정원으로, 자연 결핍을 넘어 공동체로

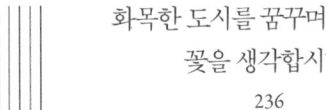

겨울, 종업식

화목한 도시를 꿈꾸며 겨울에도
꽃을 생각합시다.

236

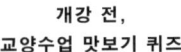

**개강 전,
교양수업 맛보기 퀴즈**

여러분은 식물에 대해
얼마나 알고 있나요?

본격적인 이야기를 시작하기에 앞서,
자신의 식물 교양 지수를 스스로 점검해 볼까요?
가벼운 마음으로 한번 풀어보세요.

식물 교양수업 맛보기 OX퀴즈!

Q1. 식물은 공룡보다 훨씬 먼저 지구에 등장했다. (O/X)

Q2. 최초의 식물은 높은 산 정상에서 자라났다. (O/X)

Q3. 인간은 식물 없이도 생존할 수 있는 생명체다. (O/X)

Q4. 모든 식물은 번식을 위해 꽃을 피운다. (O/X)

Q5. 식물은 이산화탄소를 흡수하고 산소를 배출한다.
(O/X)

Q6. 기후 위기에 대응하기 위해서는 특정 우량종만 재배하는 것이 효과적이다. (O/X)

Q7. 모든 꽃은 향기가 있다. (O/X)

Q8. 추운 겨울에는 꽃이 피지 않는다. (O/X)

Q9. 식물은 힘이 없기에 지구 환경 변화를 견뎌내지 못한다.
(O/X)

Q.10. 정원은 국가 주도 하에 가꾸는 것이 바람직하다. (O/X)

(※정답은 다음 페이지에 있습니다.)

식물 교양수업 맛보기 OX퀴즈!

정답을 공개합니다.

Q1. 식물은 공룡보다 훨씬 먼저 지구에 등장했다. (O)

→ 식물은 약 4억 5천만 년 전부터 지구에 살았습니다. 공룡은 약 2억 3천만 년 전에 나타났죠.

Q2. 최초의 식물은 높은 산 정상에서 자라났다. (X)

→ 최초의 식물은 물이 있는 낮은 환경에서 진화했습니다.

Q3. 인간은 식물 없이도 생존할 수 있는 생명체다. (X)

→ 인간은 식물을 통해 산소와 식량을 얻기 때문에 식물 없이는 생존할 수 없습니다.

Q4. 모든 식물은 번식을 위해 꽃을 피운다. (X)

→ 이끼나 고사리 같은 식물은 꽃을 피우지 않고 번식합니다.

Q5. 식물은 이산화탄소를 흡수하고 산소를 배출한다. (O)

→ 광합성 과정에서 식물은 이산화탄소를 사용하고 산소를 만들어 냅니다.

Q6. 기후 위기에 대응하기 위해서는 특정 우량종만 재배하는 것이 효과적이다. (X)

→ 다양한 종의 보존과 이해가 기후 변화에 대한 생태계의 복원력을 높일 수 있습니다.

Q7. 모든 꽃은 향기가 있다. (X)

→ 꽃향기는 곤충을 유인하기 위한 것이라 향이 없는 꽃도 많습니다.

Q8. 추운 겨울에는 꽃이 피지 않는다. (X)

→ 대부분은 겨울철에 휴면 상태에 들어가지만, 동백처럼 겨울에 꽃을 피우는 식물도 있습니다.

Q9. 식물은 힘이 없기에 지구 환경 변화를 견뎌내지 못한다.
  (X)

→ 식물은 수억 년간 다양한 환경 변화에 적응하며 진화하고 생존해 왔습니다.

Q.10. 정원은 국가 주도 하에 가꾸는 것이 바람직하다. (X)

→ 정원은 시민의 자발적 참여와 공동체 형성이 중요하며, 정부 주도만으로는 한계가 있습니다.

정답을 몇 개나 맞히셨나요?

0개
아하, 지구별 초보자군요! 괜찮아요. 계절별 꽃 이야기 위주로 읽으면서 식물이 주는 기쁨부터 만끽해 보세요.

1~3개
아직 실망은 일러요. 이 책을 읽다 보면 식물과 더 친해지게 될 테니까요. 즐거운 독서가 되길 바라요. 화이팅!

4~6개
좋아요! 아직 헷갈리는 부분이 있겠지만, 이 책을 덮을 때쯤이면 당신도 어느새 식물 박사가 되어 있을 거예요.

7~9개
짝짝짝! 당신은 이 아름다운 지구에서 식물과 함께 살아갈 자격이 충분한 사람이군요. '식물 친구' 인증 완료!

10개
와우! 당신은 혹시 식물 아닌가요? 대단해요. 앞으로도 식물과 손을 잡고 화목한 삶을 가꾸는 데에 앞장서 주세요.

**"무엇보다 중요한 건,
식물 없이 우리는 존재할 수조차
없다는 겁니다⋯"**

"For one thing, without plants, we wouldn't exist—"

_제인 구달, 〈Smithsonian Magazine〉 인터뷰 중에서

개강 전, 교양수업 맛보기 퀴즈

봄, 1학기

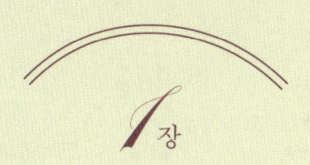

1장

우리 곁의
식물을 들여다본 적
있나요?

지구의 시간 속,
식물의 출현과 진화의 여정

여러분은 지금 어디에서 이 글을 읽고 있나요?
향긋한 커피 한 잔이 놓인 카페인가요, 혹은 도서관 한 켠의 창가 자리인가요?
그곳에 앉기까지 여러분이 걸어온 길을 잠시 떠올려 봅시다.

길에는 어떤 나무가 있었나요?
나무의 잎사귀 색은 어땠고, 바람에 흔들리며 내는 소리는 어땠나요?

우리는 식물과 함께 살아가고 있지만, 대부분의 사람은 이 사실을 인식하지 못하는 듯합니다. 식물이 거기 있다는 것조차 모른 채 무심히 지나치고 말지요.

하지만 오늘 여러분이 본 나무 한 그루는, 수억 년 전 바닷속 작은 생명체로부터 시작된 '생명의 계보'의 일부입니다. 길가의 풀잎, 공원의 나무, 방 안 화분, 그리고 지금 이 순간 여러분의 숨결 속에도 그 먼 옛날의 흔적이 흐르고 있습니다.

지금부터 우리는 46억 년의 지구 역사 속에서 식물이 살아온 여정을 함께 따라가 보려 합니다. 그 여정은 단지 과거의 이야기가 아니라, 지금 우리가 살아가는 방식과 미래의 삶을 바꾸는 열쇠가 될 것입니다.

1

지구는 처음부터
'푸른색'이었을까요?

여러분은 '지구'하면 머릿속에 어떤 이미지가 떠오르시나요?

지구를 그려보라고 크레파스와 도화지를 내민다면, 아마 아이 어른 할 것 없이 모두 초록색과 파란색으로 이루어진 동그란 형태를 그려내지 않을까 합니다. 우리는 흔히 '초록별', '푸른 지구'라는 말을 쓰곤 하지요.

그런데 지구가 처음부터 '푸른색'이었던 것은 아닙니다.

불덩이 같던 지구에 바다가 생기고, 마침내 '초록'을 품게 되기까지는 아득히 기나긴 세월이 필요했습니다. 바닷속 아주 작은 생명이 광합성을 시작하면서 지금 우리가 숨 쉬는 공기, 나무, 숲의 이야기가 시작된 것입니다.

지구는 약 46억 년 전에 만들어진 행성입니다. 우주에 흩어진 가스와 먼지구름이 서로 충돌하고 합쳐지기를 반복하면서 수천만 년 동안 점점 몸집을 불려 지금의 지구만큼 커졌다고 해요. 고작 100년 남짓의 세월을 살다가는 인간으로서는 상상할 수조차 없는 길고도 긴 시간이지요.

46억 년 전 지구가 만들어진 후 한참의 세월이 지나, 약 38억 년 전 바다에 박테리아와 고세균이 등장했습니다. 이 핵막이 없는 단세포 생물들이 지구 최초의 생명체라 할 수 있습니다.

식물의 역사는 약 5억 년 전, 해양 생물로부터 출발합니다. 바다에서 광합성을 하며 살아가던 조류algae가 육상으로 이동하면서, 독특한 생명체인 '지의류'를 탄생시켰습니다. 지의류는 조류와 균류가 서로 공생하며 도움을 주고받는 복합생명체입니다. 이 공생관계 덕분에 조류는 바다와는 다른 육지 환경에서 적응할 수 있게 된 것이죠.

지의류 같은 공생체가 육지에 자리 잡게 된 이후, 바다의 녹조류는 육지 상륙을 계속하면서 더 진화했습니다. 바닷가 물웅덩이 주변으로 뿌리, 줄기, 잎의 구분이 명확하지 않은 싹을 틔워냈습니다. 이것이 최초의 육상 식물이라 할 수 있는 '선태류'입니다. 포자로 번식하며, 물과 영양분을 운반하는 관다발 조직을 갖추고 있지 않아 물이 가까이에 없으면 생존할 수 없는 식물입니다. 우리가 알고 있는 이끼와 같은 식물이 이에 속합니다.

이후에도 식물은 우연한 변이와 자연선택 속에

서 끊임없이 생성과 소멸을 반복했습니다. 그리고 약 4억 년 전, 관다발 조직을 가진 육상 식물이 출현했습니다. 물과 영양분을 효과적으로 전달하는 관다발 조직 덕분에, 식물은 더 크고 복잡한 구조로 진화할 수 있었습니다.

그렇다면, 최초의 관다발 식물은 어떤 모습이었을까요?

관다발 조직을 가진 원시 식물의 형태가 궁금하다면 솔잎란Psilotum nudum을 찾아 보면 됩니다. 이론적으로는 4억 2천만 년 전 등장한 쿠크소니아Cooksonia가 그보다 앞서지만, 솔잎란은 아직까지 살아 있어 육상 식물 진화의 중요한 열쇠로 여겨집니다. 현재 지구에 17종이 남아 있고, 그중 1종이 우리나라 제주도와 남해안에서도 서식 중입니다.

솔잎을 닮았다고 해 '솔잎'이라는 이름이 붙었지만, 실제론 잎이 아닌 하나의 생명체로서 살고 있지요. 원래의 줄기 끝에서 똑같은 두 개의 가지

가 생겨나는 쌍가지치기로 성장하는 솔잎란은 잎
도 뿌리도 없는 하등 식물입니다. 이 쌍가지치기
는 가장 원시적인 식물 구조의 특징이기도 합니
다. 뿌리 모양을 한 기관이 있지만, 관다발이 없어
서 땅속으로부터 물을 빨아들이지 못하고 단지 줄
기를 땅속에 고정하는 역할만 합니다.

식물은 광합성을 통해 에너지를 얻습니다. 그
런데 줄기로만 하는 광합성 능력으로는 육상 환
경에서 번식하면서 자리 잡기에 아직 부족했습니
다. 성장과 번식을 위해 더 나은 방향으로 끊임없
이 변화하는 것은 식물의 숙명입니다. 솔잎란 줄
기 끝부분의 가시같이 생긴 가엽假葉은 광합성 능
력을 향상하는 방향으로 진화를 거듭했습니다. 그
리고 마침내 관다발이 한 가닥 들어간 소엽小葉, 잎
으로 광합성을 하는 식물이 탄생했습니다. 줄기에
많은 소엽을 달고 열심히 광합성을 하는 '석송류'
입니다.

광합성으로 풍부해진 에너지를 바탕으로 석송류는 크고 굵어져서 키가 20미터까지 성장했으며, 빠르게 번식하여 지구상에 처음으로 숲을 형성했습니다. 그리고 바닷가 근처에 터를 잡은 석송류와 함께 육상으로 출현한 고사리류 또한 포자로 번식하는 포자식물입니다. 고생대 석탄기에 이르러 지구의 울창한 숲을 형성한 식물이지요.

이렇듯 관다발을 지닌 포자식물의 등장으로 인해 지구는 점차 푸르른 행성으로 변화하기 시작했습니다. 꽃을 피우고 열매를 맺는 종자식물은 아직 등장하기도 전의 이야기입니다.

식물은 어떻게 지구에 뿌리를 내렸을까요?

앞서 우리는 해양 생물이 육지로 올라와 식물로 진화하기까지의 과정을 살펴보았습니다. 솔잎란, 석송류, 고사리류 등 초기 육상 식물은 습한 환경에서만 번식할 수 있어 물 근처에 서식하고 있었죠. 이들은 모두 포자식물입니다.

그렇다면 우리가 일상에서 더 흔히 접하는 식물들은 언제 어떻게 만들어진 걸까요? 이제 종자식물에 대한 이야기를 시작하겠습니다.

지구에 종자식물이 등장한 것은 약 3억 5천만 년 전의 일입니다. 최초의 종자식물은 엘킨시아 종자고사리Elkinsia polymorpha로, 웨스트버지니아 West Virginia의 고생대 데본기 말 지층에서 출토된 화석을 통해 이를 확인할 수 있었다고 합니다.

종자식물은 포자가 아닌 씨앗을 통해 새로운 개체를 생성합니다. 씨앗은 어린 식물로 자라는 배胚를 보호하는 특별한 구조이기 때문에, 환경 변화에도 비교적 안정적으로 생존할 수 있다는 특징을 가지고 있습니다.

데본기 말 종자고사리는 다양했습니다. 종자가 어떻게 진화되었고 어떻게 고사리 잎에 열리게 되었는지 아직 밝혀지지 않고 있습니다. 그러나 종자가 배를 보호하는 식물 구조는 저지대 육상을 벗어나게 한 혁신적인 진화의 산물인 것은 틀림없습니다. 이로써 식물은 물가를 떠나 더 높은 육지 지대로의 진출이 가능해졌습니다.

종자식물 중에서도 씨앗이 겉으로 드러난 형태

를 '겉씨식물gymnosperms'이라고 부릅니다. 약 2억 9천만 년 전, 고생대 말 페름기에 겉씨식물들이 커다란 나무로 자라나기 시작했습니다. 포자로 번식하는 솔잎란, 석송류, 고사리류가 열대와 난대 지방의 습한 곳에 자리를 잡은 것과 달리, 겉씨식물은 건조하거나 추운 곳 또는 사계절이 있는 곳에 뿌리를 내리고 성장과 번식을 반복했습니다.

한편, 지구 환경은 끊임없이 변화했습니다.

중생대 트라이아스기 후기 때 발생한 화산 활동과 조산운동의 여파로 지구가 점점 뜨거워졌습니다. 쥐라기 초 지구의 온도는 현재 지구의 평균 온도보다 약 5℃에서 10℃ 정도 높았다고 합니다. 이러한 기후변화를 이기지 못하고 약 80%의 생물종이 멸종하고 말았습니다.

바뀐 환경에 적응하기 위해 식물은 새로운 생존 전략이 필요했습니다. 고생대보다 낮아진 산소량을 극복하며, 건조한 대기와 수분이 적은 땅에서 살아남기 위해서는 수분이 빠져나가는 것을 최대한 막아야만 했습니다.

그렇게 또 새로운 진화가 시작되었습니다.

어린 녹색 줄기가 단단한 목질의 나무줄기로 변화하여 햇빛을 잘 받는 높이까지 성장했으며, 광합성을 하는 이파리는 넓적한 잎보다 표면적을 줄인 뾰족한 잎으로 변화했습니다. 이들은 잎이 길고 뾰족해서 침엽수라고도 하고, 대개 솔방울을 가지고 있어 구과식물이라고도 불립니다. 구과식물과 같은 겉씨식물은 고생대 데본기 말에 처음 출현했으나 석송류와 고사리류가 형성한 숲에 가려져 있다가 대멸종 이후, 중생대 쥐라기와 백악기에 숲을 형성하면서 지구를 점령했습니다.

대멸종 속에서도 살아남아 번식하고 성장할 수 있었던 이유는, 배아를 보호막 안에 간직한 '종자'로 번식했기 때문입니다. 종자는 발아 조건이 좋지 않으면 우선 휴면 상태에 들어갔다가, 환경 조건이 충족되면 다시 발아하는 신기한 능력자입니다. 그 덕분에 겉씨식물은 포자로 번식하는 석송류와 고사리류의 식물보다 급변하는 지구 환경에 더 잘 적응할 수 있었습니다.

이제 우리에게 친숙한 소나무 이야기를 해보겠습니다.

가시처럼 뾰족한 잎을 가진 겉씨식물 중 대표적인 사례가 바로 소나무입니다. 애국가 가사에 등장할 정도로 우리나라 사람들이 가장 좋아하는 나무이기도 합니다. 하지만, 소나무에 꽃이 피었다고 꽃을 보러 가는 경우는 없습니다. 오히려 매년 4~5월에 소나무 꽃가루가 바람에 날려서 고생하는 사람들이 많지요. 특히 알레르기 체질인 사람들은 눈물, 재채기, 가려움 등의 알레르기 증상에 시달리곤 합니다. 그리고 야외에 주차한 다음 날 운전하려고 하면, 자동차가 황색 가루로 덮여 있는 경험은 누구에게나 있을 것입니다.

바람을 타고 멀리 날아가는 송홧가루를 우리

인간들은 봄마다 등장하는 말썽꾸러기쯤으로 여기지만, 식물 입장에서 이것은 생존을 위한 번식 방법입니다. 수분受粉하여 종자를 생산하고 번식하기 위해 아주 작은 수꽃 꽃가루는 바람을 타고 다른 소나무의 암꽃을 찾아갑니다. 소나무와 잣나무 같은 겉씨식물의 번식 기관은 '꽃'이라기보다는 구화수strobilus라고 칭하는 것이 알맞은 표현일 것입니다. 수꽃은 수구화수, 암꽃은 암구화수입니다.

그러나 봄날 도로변 물웅덩이에, 창문가에, 자동차와 내 구두코 위에까지 노랗게 내려앉은 꽃가루를 보면 의문이 생겨나기도 합니다. 오직 바람에 의지해 수분을 하기까지 너무나 많은 양의 꽃가루가 쓸모없이 낭비되고 버려지고 있는 건 아닐까요? 소나무는 왜 하필 수구화수 꽃가루를 바람에 실어 멀리 멀리까지 보내야만 하는 생존 방식을 택한 것일까요?

소나무의 사정을 한번 헤아려 봅시다. 소나무는 암구화수와 수구화수가 같은 나무입니다. 암수

한그루이지요. 소나무는 자가 수분을 막으려고 나무 꼭대기 근처에는 암구화수, 아래쪽 가지에는 수구화수가 피어나도록 합니다. 그리고 피는 시기도 일주일 정도 차이를 두어 같은 유전자를 가진 종자생산을 피하고 있습니다.

소나무 꽃가루는 아무 계획 없이 바람에 운명을 맡겨둔 것이 아닙니다. 자가 수분을 피하여 유전적 다양성을 지닌 종자를 생산함으로서 변화하는 지구의 자연환경에 잘 적응하기 위해, 바람을 타고 멀리 날아가고 있는 것입니다.

바람에 의한 수분을 '풍매화風媒花'라고 합니다. 풍매화로 번식하는 식물은 수분될 확률이 매우 낮아서 성공률을 높이기 위해 엄청난 양의 꽃가루를 생산합니다. 그리고 바람을 이용하기 때문에 수구화수는 작고 가벼워야 하며, 암구화수는 표면이 넓거나 끈적해야 합니다. 낮은 확률이지만 꽃가루를 받아 수분이 되면, 우리가 잘 알고 있는 단단한 원뿔 모양의 솔방울이 됩니다.

3

지구에
'꽃'이 피었습니다.

앞에서 다룬 소나무 같은 겉씨식물은 꽃가루는 만들어 내지만 아름다운 꽃송이를 피우지는 않습니다.

그렇다면 이 지구상에 피어난 최초의 꽃은 무엇일까요?

지금 머릿속에 떠올린 꽃이 무엇이든, 아마 여러분이 생각한 그 꽃은 아닐 겁니다. 봄을 알리는 매화나 벚꽃, 붉고 탐스러운 장미, 향긋한 은목서… 우리가 사랑하는 꽃들은 대부분 지구에 늦게 등장한 신참들입니다.

지금으로부터 약 1억 2천5백만 년 전, 공룡이 지구를 거닐던 중생대 백악기의 어느 날, 꽃 한 송이가 조용히 기지개를 켜고 피어났습니다. 바로 그 순간, 지구의 식물계는 새로운 진화의 길에 접어들었습니다. 겉씨식물의 시대를 지나 '속씨식물'이 탄생한 것이지요.

그 꽃의 이름은 아르카이프록투스 시넨시스 Archaefructus sinensis. 1998년 지린대학교의 쑨거와 플로리다대학교 데이비드 딜처가 중국 북동부 랴오닝성의 이셴호수 바닥에서 발견된 화석으로부터 밝혀낸 내용입니다. 이전까지는 태산목 같은 매우 크고 향기 짙은 흰 꽃이 원시적인 속씨식물의 원형이라고 알려져 있었으나, 현재로서는 아르카이프록투스를 속씨식물의 기원으로 삼고 있습니다. 꽃의 모양은 오늘날 존재하는 수련과 가장 닮았다고 합니다.

겉씨식물이 '씨앗이 겉으로 드러난' 식물이라면, 속씨식물은 '견과나 다육과가 되는 씨방 속에 씨앗이 감춰진' 식물입니다. 자연의 안전 보관함 속에 씨앗을 감싸는 진화의 작품입니다. 겉씨식물에서 어떤 단계를 거치며 속씨식물로 진화했는지는 아직 확실하게 밝혀진 바가 없으나, 바람을 이용하여 번식하는 겉씨식물의 낮은 수분 성공률이 꽃을 피우는 식물로서 진화하게 한 배경이 되었을 것이라 생각합니다.

현재 전체 식물종의 약 90% 이상이 꽃을 피우는 속씨식물입니다. 꽃을 피우는 속씨식물은 가장 늦게 지구에 나타났지만, 크기, 모양, 색깔, 꽃향기 등 가장 다양한 형태로 번식에 성공한 식물입니다.

어떻게 꽃을 피우는 식물이 다양하게 번식할 수 있었을까요?

이는 수분을 매개하는 동물과의 우연한 만남에

서 시작되었습니다. 식물이 분비하는 감미로운 넥타Nectar를 찾아온 풍뎅이나 딱정벌레의 몸에 꽃가루가 묻었고, 다른 꽃으로 옮겨가면서 바람이 아닌 곤충에 의해 수분하게 되었습니다. 바람이나 물을 통해 수분하는 초기 꽃의 형태에서 꽃으로 곤충을 찾아오게 하는 방식으로 변화하며 꽃의 수분 전략은 극대화되고, 높은 수분 성공률을 자랑하게 되었죠.

꽃은 곤충을 유인하기 위해 색깔, 향기, 모양, 꿀샘 등을 발달시키면서 진화를 거듭했습니다. 그리고 곤충은 꽃가루와 넥타Nectar를 더 쉽게 먹거나 옮길 수 있도록 체형, 행동, 감각기관 등을 변화시키면서 진화했습니다. 나비의 긴 입은 깊은 꽃속의 꿀을 먹기 위해 진화한 결과물입니다.

꽃과 곤충의 공생관계는 다양한 종의 속씨식물을 출현하게 했습니다. 긴 시간 동안 서로의 생존과 번영을 위한 끊임없이 진화를 거듭했습니다. 공진화입니다.

자연의 질서를 체계화한 스웨덴 식물학자 린네는 1753년 <식물의 종>이라는 책에서 1,105속 7,700종의 종자식물을 정리해 소개했습니다. 식물을 분류할 때 줄기나 잎의 생김새보다는 꽃의 구조, 특히 수술과 암술의 수와 배열을 기준으로 삼았지요. 꽃은 씨앗이 만들어지는 장소, 즉 식물의 번식기관에 해당하므로, 꽃을 식물의 신분증이라 여기며 새로운 분류법을 제안한 것입니다. 이를 통해 린네는 꽃이 단순히 아름다움만을 지닌 대상이 아니라, 자연의 질서를 유지하는 기준이 되기도 한다는 점을 세상에 알렸습니다.

　식물은 지구 환경 변화에 발맞춰 끊임없이 진화하며 공생의 길을 택해 왔습니다. 물 위를 떠다니는 개구리밥에서부터 열대우림에 우뚝 솟은 나무까지, 다 상상하고 헤아릴 수 없을 만큼 많은 식물이 오늘날 우리 곁에서 함께 살아갑니다. 꽃은 계절 변화에 따라 피고 지고, 자연의 흐름과 조화를 이루면서 특정 생물들에게 번식 또는 활동을 유도하는 식물 기관입니다. 식물이 한 송이 꽃을 피워낸다는 것은, 식물이 다른 지구 생명체에게 어떤 신호를 보내고 있다는 뜻이지요. 우리 인간도 예외는 아닙니다.

자, 오늘도 지구에 꽃이 피었습니다.

식물이 당신을 향해 손짓합니다.

당신은 식물이 보내오는 신호를 읽어낼 수 있는 사람인가요?

2장

마지막으로
꽃향기를 맡아본 게
언제인가요?

눈앞에 펼쳐지는
식물의 첫인사

담장 모퉁이 몇 그루 매화 (墙角数枝梅)
추위를 이기고 홀로 피었네. (凌寒独自开)
멀리서도 눈이 아님을 알아차린 건 (遥知不是雪)
은은한 향기 나는 덕분이라네. (为有暗香来.)

_왕안석(王安石, 1021~1086)의《매화(梅花)》

찬바람이 가시지 않은 겨울 끝자락, 어렴풋이 멀리서 느껴
지는 가지 위의 하얀 빛, 그리고 은은한 향기.
그 향기는 눈이 아니라, 겨울 속에서 꿋꿋이 피어난 매화
의 숨결입니다.
꽃망울이 터지기 전까지도, 이토록 차가운 계절 속에서 꽃
은 우리의 눈과 마음을 조용히 기다립니다.

여러분은 언제 봄이 온 걸 실감하나요? 도시에 살아가는
우리들은 창을 통해 들어오는 따스한 햇살도, 창 너머로
만개한 봄꽃의 색깔도 잊은 채 살아가곤 합니다. 심지어는
도시에서 꽃을 볼 수가 없다고 여기기도 하지요.
그러나 도시에도 분명 꽃은 핍니다. 너무 바빠 살아가느라
우리가 그 순간을 놓치고 있을 뿐이지요.

식물은 번식을 위해 꽃을 피웁니다. 벌, 나비 등의 곤충을
유혹하기 위해 각자의 방식으로 향기롭고 아름다운 색색

의 꽃을 있는 힘껏 피워냅니다. 꽃이 피는 시기도 식물마다 다릅니다. 생존과 번식에 가장 유리한 환경과 조건에 맞춰서 가장 효과적인 시기를 택해 꽃을 피워내는 것이지요. 그리하여 꽃은 계절마다 우리 주변을 다양한 색으로 물들입니다.

그뿐만 아니라, 꽃 한 송이가 피었다 시드는 과정에 있어서도 시시각각 그 모습을 달리합니다. 빛의 각도와 시간의 흐름에 따라 매 순간 다른 색을 뿜어내는 꽃송이는 인상파 화가들에게 많은 영감을 주기도 했지요.

이제, 이론적인 이야기는 멈추고 바깥으로 나가봅시다.
시를 쓰는 마음으로, 그림을 그리는 마음으로, 창밖의 봄을 만끽해 봅시다. 추운 겨울을 지나 마침내 터진 꽃망울에서 아름다움을 느끼며 생명의 경이에 흠뻑 젖어봅시다.

꽃을 즐기는 데에는 그리 많은 시간이 필요치 않습니다.
출근길이나 퇴근길에 5초, 아니 딱 3초만 나무 아래 걸음을 멈춰 보세요.
눈을 감고 향기를 느껴 보세요.

당신의 머리 위로 꽃이 피었습니다.
비로소, 따사로운 봄입니다.

1

겨울잠을 깨우는
꽃나무

봄의 시작을 알리는 입춘立春: 2월 4일이 지나고 눈이 녹기 시작하는 우수雨水: 2월 19일가 오면, 겨울의 앙상한 가지 끝에 꽃눈이 하나둘씩 생겨납니다. 개구리가 잠에서 깨는 날, 경칩驚蟄: 3월 5일이 오면 잎보다 꽃이 먼저 피어나는 식물들이 도시의 봄을 맞이합니다. 가장 먼저 봄을 맞이하는 식물은 매화입니다.

꽃이 피기 시작하는 매화

꽃이 만개한 매화

매화는 눈 속에서 고고한 꽃을 피운다고 설중매雪中梅라고도 합니다. 그리고 우리는 일상적으로 '매화나무'라고 부르지만, 국가표준식물목록에 정식 등록된 이름은 '매실나무'입니다. 학명[1] Prunus mume과 일치하는 정확한 국명을 부여하기 위해 열매 중심의 명칭을 채택한 것입니다. 하지만, 우리는 매실보다 이 나무의 꽃을 더욱 사랑하는 것 같습니다.

겨울을 이겨내고 피는 매화는 고난을 이겨내는 굳건한 마음을 상징하여 조선시대 선비들은 단순한 꽃이 아닌 자기 수양과 정신 수련의 대상으로 삼았다고 합니다. 정약용, 김정희 같은 조선시대의 대표 유학자와 예술가들은 '매화는 말 없는 스승'이라며 매화를 벗으로 아끼고 사랑했습니다.

---

1 학명은 생물학에서 생물의 종에 붙인 분류학적인 이름이며, 학명의 표기는 종과 속의 이름으로 구성된 이명법(二名法)을 사용합니다. 그리고 학명은 최초 고안자인 린네의 제안에 따라 라틴어 또는 라틴어화한 낱말로 구성되며, 속의 이름과 종의 이름을 나란히 이어 쓰고 있습니다.

　매화가 피어나며, 곧이어 노란색 꽃을 피우는 산수유도 있습니다. 『삼국유사』에도 산수유가 등장할 만큼 우리와 함께한 재배 역사도 긴 나무입니다.

　산수유는 조경수로도 많이 활용되어, 우리가 살아가는 아파트 정원에서도 자주 볼 수 있습니다. 노란 꽃은 봄을 알리고, 녹색 잎은 여름이며,

붉은 열매는 가을을 상징합니다. 계절의 변화를 알리는 신호등 같은 나무라고 할 수 있지요.

산수유의 노란 꽃은 멀리서 보기보다 다가가서 자세히 바라봐야 합니다. 새로운 봄의 시작을 축복하듯이 노란색 폭죽을 터뜨리며 꽃들이 피어나고 있습니다. 산수유의 노란 꽃이 피면, 나무에 다가가 소리 없이 팡팡팡 터지는 노란 폭죽을 감상해보세요. 회색빛으로 느껴졌던 무미건조한 일상에 반짝이는 기쁨이 더해질 겁니다.

한편, 매화나 산수유처럼 나무 위를 올려다보지 않아도 선명한 빨간빛으로 봄이 왔음을 알리는 식물도 있습니다. 바로 아녀자들이 꽃을 보면 바람난다고 하여 집 안에 심지 못한 명자꽃입니다. 명자꽃은 키가 작은 나무지만, 사람의 마음을 사로잡는 붉은색 꽃을 아름답게 피워냅니다. 장미가 보급되기 전 옛날 사람들은 명자꽃이 위험한 사랑을 꿈꾸게 하는 나무라고 생각했습니다.

장미과 식물의 명자꽃은 나무지만, '나무'가 아
니라 '꽃'으로 불리는 식물입니다. 사계절 중에서
이른 봄에 잎보다 먼저 꽃이 피는 특징이 주목받
아 꽃으로 불리게 되었습니다. 추운 겨울의 기다
림 끝에 만나는 매화, 산수유, 명자꽃은 우리에게
봄을 알리는 반가운 자연의 선물입니다.

잎보다 꽃이 먼저 피는 명자꽃

복 습 포 인 트 !

꽃가루는 있지만, 우리가 생각하는 '꽃'은 피우지 않는 겉씨
식물인 소나무.
속씨식물 중에서도 잎보다 꽃을 먼저 피우는 매화와 산수유,
명자꽃.
봄에 만날 수 있는 겉씨식물과 속씨식물의 사례를 찾아 보면
서, 식물이 생존을 위해 택했던 방식을 생각해 보세요.

빨간색 명자꽃

봄을 밝히는
꽃나무

낮의 길이가 밤보다 길어지기 시작하는 춘분(春分: 3월 20일)이 오면 겨울 추위는 사라지고 봄을 비추는 식물들이 줄지어 피어납니다. 특히, 완연한 봄이 왔음을 선포하듯 도시 곳곳에 벚꽃이 피어나고 여기저기에서 축제가 열립니다.

왕벚나무가 수놓는 벚꽃의 계절(김해 연지공원)

누구나 한 번쯤 봄의 여왕 왕벚나무 아래에서 떨어지는 꽃잎을 기다린 적이 있을 것입니다. 우리 선조들은 '화피樺皮'라고 하여 벚나무의 껍질을 활을 만드는 데 애용할 뿐 꽃나무로서 벚나무를 심고 가꾸지는 않았다고 합니다.

일제강점기 일본인에 의해 받아들인 벚꽃 문화는 이제 겨우 백여 년이 되었지만, 왕벚나무꽃이 필 무렵이면 전국 방방곡곡에 축제가 이어집니다. 진해 군항제를 시작으로 부산 사상구 삼락 벚꽃축제, 강서구 낙동강변 30리 벚꽃축제, 금정구 윤산 벚꽃축제 등이 마치 나무 위의 벚꽃처럼 여기저기서 팡팡 즐거움을 터뜨립니다. 그러면, 버스커 버스커의 노래 <벚꽃엔딩>처럼 봄바람 휘날리며 흩날리는 벚꽃길을 함께 걸으려는 사람들이 모여들겠지요.

이제 벚꽃은 일본인뿐만 아니라 우리나라 국민 대다수가 매년 봄 함께하는 꽃이 되었습니다. 그러면서 왕벚나무의 원산지 논쟁도 있었습니다. 일본에서 왕벚나무가 전해졌다고 흔히 알고들 있지만 실상은 그렇지 않습니다. 2007년 미국 농무성에 의뢰한 유전자 분석 결과, 한국의 왕벚나무는 일본의 벚나무소메이요시노와 별개인 고유의 종으로 확인받았다는 사실을 꼭 기억해 주세요.

그리고 왕벚나무는 하나의 가지에 여러 개의 꽃이 피는 다화성多花性 수목이며, 식물계절관측목으로 기상 변화를 읽을 수 있는 나무이기도 합니다. 이러한 이유로 매년 왕벚나무꽃 개화 소식이 뉴스로 보도되곤 합니다. 벚꽃 축제를 기획하는 도시들이 개화 시기를 예측하기 어려워하면서 벚꽃 없이 벚꽃 축제를 개막했다는 뉴스도 종종 들려옵니다.

매년 어김없이 피어나는 꽃이지만, 이전과는 다르게 꽃피움으로써 지구 환경이 변하고 있다는 신호를 우리에게 주고 있는 셈입니다.

개화에서 만개까지, 봄을 밝히는
왕벚나무

바람에 실린 벚꽃잎이 분홍색 꽃비가 되어 쏟아질 때쯤, 공룡이 살았던 1억 년 전부터 지구상에 피어난 꽃나무 목련이 피어나기 시작합니다. 목련도 왕벚나무처럼 잎보다 꽃이 먼저 피어 봄을 화사하게 밝히는 식물입니다. 앞서 1장에서 설명했듯이, 초기 꽃피는 식물은 바람이 아니라 곤충에 의해 수분이 이루어졌습니다. 꽃을 통해 번식하는 이러한 식물을 현화식물顯花植物이라고 합니다. 현화식물은 속씨식물被子植物이라고도 불리며, 소나무 같은 겉씨식물裸子植物과는 달리 씨앗이 씨방으로 보호받고 있습니다. 목련은 현화식물의 시초라고 볼 수 있으며, 풍뎅이를 유혹하여 사랑에 빠진 꽃나무입니다.

목련이라는 이름은 연꽃처럼 생긴 아름다운 꽃이 나무에 피어난다고 붙여졌습니다. 꽃잎이 큰 백색의 백목련과 보라색 꽃의 자목련이 있으며, 꽃잎의 안쪽은 하얗고 바깥쪽은 보라색인 자주목

백목련

련도 봄철에 우리 주변의 공원에서 자주 볼 수 있는 목련입니다. 추운 겨울을 보내기 위해 두꺼운 밍크코트로 꽃눈을 감싸고 있다가, 따스한 봄기운을 맞이하여 하얗고 커다란 꽃을 피웁니다. 아직 차가운 공기를 가르며 꽃을 피우기 위한 목련의 전략처럼 우리도 변화하는 사회와 환경에 대한 준비가 필요합니다.

서로 밀접한 특징을 공유하는 목련과科, Family에는 봄의 시작을 알리는 백목련, 자목련, 자주목련과 다르게 입하立夏가 지나서 꽃이 피는 식물도 있습니다. 큰 잎이 먼저 나오고 꽃이 피는 일본목련은 늦게 피지만, 송이가 가장 크고 향긋한 꽃내음도 일품입니다. 1920년경에 일본에서 도입된 식물이며, 공원 등에 식재되어 있습니다.

그리고 일본목련과 비슷한 시기에 꽃이 피지만, 수고가 높아서 하늘을 보듯이 고개 젖히고 봐야 찾을 수 있는 백합나무도 있습니다. 튤립을 닮은 꽃을 피우지요. 또한, 1년 중 낮이 가장 긴 날 하지夏至가 돼야 피는 식물도 있습니다. 목련 같은 크고 향기로운 흰 꽃이 가지 끝에 피어나는 태산목입니다. 잎은 두껍고 광택이 나는 사계절 푸른 식물입니다.

자주목련

태산목

벚꽃축제가 여기저기에서 개최되고, 사람들이 야외로 모여들고 있는 봄날, 자그마한 나뭇가지에서 잎보다 꽃을 먼저 피우는 식물도 있습니다. 대표적인 식물이 조팝나무와 개나리입니다.

벚꽃과 같은 시기에 피는 조팝나무는 눈높이보다 낮은 위치에 꽃을 피워서 크게 조명받지는 못하지만, 꽃잎이 순백색으로 참으로 아름답습니다. 조팝나무 가지에 붙은 하얀 꽃잎이 마치 한겨울의 눈꽃을 보는 것 같습니다. 그래서 원예가 사이에서는 '설류화雪柳花'라는 별칭으로 더 많이 알려져 있습니다.

순백의 꽃을 피우는 조팝나무

가지마다 하얀 꽃을 피우는 조팝나무

조팝나무는 흰 꽃이 가지에 오밀조밀하게 피어
나지만, 개나리는 노란 꽃이 가지마다 가지를 따
라 일렬로 주렁주렁 피어납니다. 병아리의 색깔을
절묘하게 엮은 동요 <개나리> 덕에 유치원에 다니
는 어린이 친구들이 가장 많이 듣고, 좋아하는 나
무라고 생각합니다.

개나리는 봄에 잎이 나기 전에 노란색 꽃을 피

워, 우리에게 봄을 알려주는 고마운 식물입니다. 하지만, 꽃만 지고 나면 아무도 알아보는 이가 없어 외로운 식물이기도 합니다.

개나리 열매를 보신 분이 있나요? 씨앗은요? 아마 없을 것입니다. 우리가 살아가는 도시에는 모두 암술이 퇴화하고 수술이 발달한 꽃^{단주화}을 피우는 개나리만이 존재하기 때문입니다. 네 장의 꽃잎이 십자형으로 갈라져 있는 개나리꽃을 자세히 살펴보면 가운데 암술이 짧고 겉에 수술만 길게 나 있는 걸 발견할 수 있습니다. 그래서 이른 봄, 도시에서 만나는 개나리는 수정도 하지 못하고 열매도 맺지 못합니다.

인간에 의해 꺾꽂이 등의 방식으로만 번식하는 슬픈 운명의 개나리는 우리나라 원산의 자생식물이며, 전 세계에서 우리나라에만 있는 특산식물입니다. 우리나라 땅에서만 자라며 볼 수 있는 개나리는 우리의 소중한 생명의 유산입니다.

위 네 장의 꽃잎을 가진 개나리(단주화)
아래 가지에 피어난 노란색 개나리

농사를 준비하는 봄의 날씨 가장 좋은 날, 청명
淸明: 4월 5일이 지나고 잎보다 꽃이 먼저 피지만, 만
개하면 꽃과 잎이 함께 있는 식물들이 있습니다.
모과나무와 박태기나무가 그 예시입니다.

먼저 '나무에 달린 참외'라는 뜻을 가진 모과나
무는 꽃보다 열매의 향기로 기억되는 식물입니다.
지금은 많은 디퓨져 향으로 모과나무 열매를 찾는
사람이 없지만, 조금씩 퍼져 나오는 그 향의 매력
에 빠진 옛사람들은 모과 열매를 자동차나 거실에
두곤 했습니다. 은은하고 그윽한 모과의 향은 마
음을 가다듬고 조용히 책장을 넘겨볼 여유를 선사
합니다. 심신을 편안하게 해주는 자연의 내음이지
요.

봄이 되면 모과나무 역시 열심히 꽃을 피워 냅
니다. 벚꽃이 피어날 즈음에 잎과 함께 피어나는
꽃이지요. 모두의 시선이 화려한 벚꽃을 향할 때,
한 번쯤은 모과꽃에도 관심을 기울여 보기를 권합
니다. 분홍빛 꽃잎 다섯 장을 막 피워내기 시작하

는 모과꽃의 자태는 노란 열매의 모습에선 상상할 수 없을 만큼 아름다우니까요.

왼쪽 다섯 장의 선분홍빛 꽃잎의 모과꽃
오른쪽 잎과 함께 핀 모과꽃

꽃자루 없이 꽃이 나무를 덮는 박태기나무는 진보라색 꽃이 잎보다 먼저 피어나는 식물입니다. 하지만 모과나무와 다르게 나무를 올려다보지 않아도 됩니다. 공원이나 아파트 정원에 식재되는 박태기나무는 눈높이보다 낮은 식물로 이용됩니다.

가지 마디마디에 꽃자루가 없이 꽃이 7~8개씩 모여서 나뭇가지 전체를 덮어 버리며, 꽃 모양이 마치 밥알을 닮아서 박태기나무라고 합니다. 서양에서는 예수를 배반한 유다가 목을 매어 죽은 나무라고 하여 '유다나무'라 부르기도 합니다. 이런 박태기나무꽃에는 독이 있어, 아름다움에 취하여 밥알처럼 꽃잎을 따서 입 속에 넣으면 절대 안 됩니다. 반려견도 먹지 않도록 주의해야 하는 식물입니다.

한편 『동의보감』은 박태기나무가 꽃에는 독이 있지만 껍질과 뿌리는 약으로 쓰인다고 설명합니다. 삶은 물을 마시면 오줌이 잘 나오며, 중풍과 고혈압을 비롯한 부인병에도 좋다고 합니다. 독과 약은 종이 한 장 차이라고 합니다. 삶에서 무엇이 약이고 무엇이 독인지 구별하는 것은 우리의 선택과 지혜에 달려 있다고, 박태기나무가 진한 분홍빛 꽃을 피우며 우리에게 말을 건네는 듯합니다.

위 밥알을 닮은 박태기나무꽃
아래 꽃자루 없이 꽃이 나무를 덮는 박태기나무

마지막으로 꽃향기를 맡아본 게 언제인가요?

청명이 지나고 봄비가 내리는 곡우穀雨: 4월 20일가 오면, 봄비를 먹고 여기저기에서 잎과 함께 꽃을 피우는 식물들이 등장할 차례입니다. 녹색 잎에 가려져 자세히 바라봐야 볼 수 있는 꽃들이지만, 각자의 방식으로 열심히 도시를 장식합니다. 대표적인 식물이 사과 열매가 맺히는 장미과 사과나무속 나무들과 도심의 진달래꽃이라 부르는 철쭉류입니다. 그리고 라일락 꽃향기가 생각나게 하는 수수꽃다리도 있습니다.

사과 열매가 맺히는 나무는 사과나무만이 아닙니다. 열매를 먹기 위해서가 아니라 관상 목적으로 도시에 심는 나무도 많습니다. 대표적인 사례가 꽃사과나무와 수사해당화입니다. 벚꽃이 지고 나서 분홍빛으로 도시를 물들이는 수사해당화는 꽃에 대한 우리의 욕망을 대변하듯이 최근에 도시 가로수로 각광받고 있습니다. 그리고 사과나무를 접붙일 때, 대목으로 많이 이용되는 야광나무도 도심의 공원에 많이 식재되고 있습니다.

　뉴턴을 위대한 과학자 반열에 올려준 사과나무의 후손이 제가 근무하는 동아대학교 교정에 있습니다. 학교 교정에서 피어나는 사과나무꽃을 보면서 학생들에게 배움의 열정과 자연을 탐구하는 마음이 생기길 기대합니다. 우리가 아는 것은 물방울에 불과하고, 우리가 모르는 것은 바다와 같으니까요.

왼쪽 꽃사과나무의 꽃
오른쪽 수사해당화의 꽃

꽃사과나무, 수사해당화, 야광나무 등의 사과나무와 유전적 유사성이 높은 식물들이 꽃과 함께 녹색 잎으로 도시를 아름답게 비춥니다. 사람 눈높이보다 높은 데서요. 그리고 발길 옆에는 분홍·빨강·흰색 등의 형형색색으로 도시를 장식하는 철쭉류도 있습니다.

나 보기가 역겨워 / 가실 때에는

말없이 고이 보내 드리오리다.

영변에 약산 / 진달래꽃

아름 따다 가실 길에 뿌리오리다.

가시는 걸음걸음 / 놓인 그 꽃을

사뿐히 즈려밟고 가시옵소서

나 보기가 역겨워 / 가실 때에는

죽어도 아니 눈물 흘리오리다.

이별의 슬픔과 사랑의 아픔을 아름답게 표현한 김소월의 「진달래꽃」과 닮은 꽃이 철쭉꽃입니다.

진달래는 우리나라를 대표하는 식물이지만, 대기 오염에 약해서 도심지에 생활하기에는 어려움이 많습니다. 하지만 봄에 산 전체를 붉게 물들이며, 시와 노래에 많이 등장하는 우리나라를 대표하는 꽃나무입니다.

그와 반대로 철쭉은 내공해성으로 우리 주변에서 흔히 볼 수 있는 도시녹화 식물입니다. 4월과 5월 아름다운 꽃으로 도시를 장식하는 대표적인 낙엽활엽관목입니다. 우리 시선보다 아래에서 피어나며, 너무 흔해 빠진 꽃이라서 사람들에게 관심을 받지 못하는 편입니다. 하지만 자세히 고개를 숙여 바라보면, 발걸음을 멈추게 하는 아름다운 꽃입니다. 경복궁 교태전중궁전 아미산 정원을 아름답게 수 놓는 꽃나무이기도 합니다.

꽃잎을 따서 두견주를 담아 마시고, 꽃전을 부쳐서 먹을 수 있는 진달래꽃은 먹을 수 있는 참꽃입니다. 반면에 독성이 있어 식용할 수 없는 철쭉꽃은 가짜 꽃으로 개꽃이라고 합니다. 진달래꽃처럼 먹을 수는 없어도 철쭉꽃은 삭막한 도시를 형형색색으로 물들이기 위해 꼭 필요한 식물입니다. 숭고한 사랑을 상징하는 진달래꽃을 잊지 않게 하는 도심의 진달래꽃, 철쭉꽃이 도심 곳곳에 피어나고 있습니다.

왼쪽 도심의 진달래, 철쭉 꽃봉오리
오른쪽 삭막한 도시를 물들이는 철쭉꽃

철쭉꽃처럼 도시 여기저기에 피어나지 않지만, 아파트 정원과 공원에서 꽃을 피우면서 향기로 우리를 부르는 수수꽃다리라는 식물도 있습니다. 수수꽃다리꽃이 피어나면, 이문세의 노래 <가로수 그늘 아래 서면>이 절로 생각납니다.

라일락 꽃향기 맡으면 / 잊을 수 없는 기억에 햇살 가득 눈부신 슬픔 안고 / 버스 창가에 기대 우네

저를 잊을 수 없는 기억에 잠기게 하는 꽃이 바로 라일락입니다. 라일락은 수수꽃다리를 개량한 식물이며, 수수꽃다리의 원예종을 라일락이라고 부르고 2,500여 품종이 육성되었습니다.

특히, '미스김 라일락'은 1947년 북한산에 자생하는 수수꽃다리 속 털개회나무를 채집한 미국 군인이며 식물학자인 엘윈 미더Elwin M. Meader가 미국으로 가져가 개량했습니다. 그때 그 일을 돕

던 여직원의 성씨가 김이었습니다. 그래서 육성한 라일락을 '미스김 라일락'이라고 이름을 붙였다고 합니다. 다른 라일락보다 추위에도 강하고 꽃이 오래 피어 세계적으로 사랑받고 있습니다. 우리나라 학교의 정원수로도 많이 식재되었습니다.

왼쪽, 오른쪽 수수꽃처럼
피어나는 수수꽃다리

'미스김 라일락' 말고도 '구상나무', '산딸나무', '원추리', '호랑가시나무' 등의 식물은 모두 미국의 식물유전자원으로 등록되어 있습니다. 우리가 식물 주권의 중요성을 미처 깨닫지 못했을 때, 미국이 먼저 등록한 것입니다. 이제라도 식물 주권의 중요성을 인식하고 식물을 살펴보고 사랑하는 마음을 가져야 합니다. 그 첫 시작은 우선 식물종의 다양성에 관심을 갖는 것, 다양한 꽃의 아름다움을 보고 기쁨을 느낄 줄 아는 데에 있다고 생각합니다. 이에 관한 이야기는 책의 후반부에 다시 자세히 소개하겠습니다.

식 물 을 더 공 부 하 고
싶 다 면

길을 걷다 아름다운 꽃을 발견하고 멈춰 섰는데, 꽃이름을
몰라 답답했던 적이 있나요?
그럴 땐 스마트폰을 꺼내 보세요.
'네이버 스마트 렌즈', '구글 렌즈' 등 검색 앱에서 스마트 렌
즈 기능을 활용해 사진을 찍으면 사진 속 꽃의 특징을 분석
해 꽃의 이름과 정보를 알려준답니다.

기술의 발전은 인류를 자연으로부터 멀어지게 했지만, 기술
이 탄생시킨 도구를 지혜롭게 사용한다면 이렇게 다시 자연
과 친숙해지는 계기를 만들 수도 있지요.

인간은 왜
식물과 함께 살아야만
할까요?

호흡과 식량:
식물이 제공해 준 삶의 기반

잠시, 오늘 하루 당신의 식탁을 떠올려 봅시다.
아침에 허겁지겁 물고 나왔던 식빵 한 조각,
점심시간 허기를 겨우 채워준 김밥 한 줄,
그리고 저녁 밥상 위 찌개 속에 숨은 감자 한 알까지.
우리의 하루를 채워준 이 음식들은 과연 어디에서 온 것일까요?

이 질문은 단순히 유통 경로를 묻는 것이 아닙니다. 그 음식들이 탄생하기까지의 오랜 시간과, 그 뒤에 존재했던 무수한 생명의 손길에 대한 질문입니다.

우리가 매일 같이 씹고 삼키는 음식 속에는,
수억 년 전 지구에 처음 산소를 만들어 낸 원시 조류의 기억, 인간이 강과 평야를 따라 벗과 식물을 길들이며 시작한 문명의 서막, 그리고 식물과 인간이 함께 살아남기 위해 서로를 선택해 온 공진화의 여정이 담겨 있습니다.

산소를 만들고, 빛을 품고, 열매를 맺고, 씨앗을 남기는 식물의 조용한 선행 덕분에, 우리는 지금 이렇게 살아 숨 쉬고, 함께 식사를 나눌 수 있는 존재가 된 것입니다.

인간이 식물과 어떤 방식으로 관계 맺으며 살아왔는지,
우리가 왜 식물과의 '공존'을 배워야만 하는지, 그 답을 찾

아 식물과 인간 사이의 오랜 서사를 따라 걸어가 보려 합
니다.

그 안에는 생존을 넘어선 이야기,
살아간다는 것의 진정한 의미가 숨어 있을지도 모릅니다.

산소는 어디에서
왔을까요?

잠깐 숨을 참아봅시다.

숨을 멈추고 1부터 100까지 숫자를 세어 보거나, 스마트폰의 스톱워치 기능으로 정확한 시간을 측정해 보아도 좋겠습니다. 여러분은 몇 분이나 버틸 수 있나요?

일반적으로 건강한 성인은 약 2분 정도 숨을 참을 수 있지만, 더 이상 호흡하지 못 하면 죽음을 각오해야 합니다.

산소 호흡은 인간이 살아가기 위한 기본 조건입니다. 우리는 산소 없이 1시간, 아니 30분도 견딜 수 없습니다. 대부분의 사람들이 10분을 견디지 못하고 사망할 것입니다. 그렇다면 우리는 이 산소에 얼마나 소중함을 느끼고 있을까요? 그저 처음부터 당연히 주어진 것으로만 여기며 살아가고 있지는 않나요?

지구에 처음부터 산소가 존재했던 것은 아닙니다. 46억 년 전 탄생한 지구에는 수소와 헬륨이라는 기체만이 가득했습니다. 아무런 생명체도 살 수 없는 뜨거운 불지옥과도 같았지요. 이후 크고 작은 행성들이 지구와 충돌하고 화산 활동이 일어나며 수증기와 함께 이산화탄소, 질소, 메테인 같은 기체가 생겨났습니다. 지구와 달이 서로 중력적 영향을 주고받으면서 사이좋게 태양 주위를 돌기 시작했고요.

달의 중력은 지구에 새로운 움직임을 불어넣었

습니다. 수증기 같은 비가 모여 형성된 바다에 달의 중력이 밀물과 썰물을 일으켰고, 생명이 살아갈 수 있는 역동적인 생태계가 조성되기 시작한 것이지요. 23도 기울어진 지구의 자전축 또한 지구 기후에 막대한 영향을 미치면서 지구에 계절이 생겨났습니다.

하지만 대륙이 형성되고 바다가 탄생한 시생누대40억 년 ~ 25억 년 전까지도 대기에는 산소가 없었습니다. 그래서 산소가 없는 환경에서 삶을 영위하는 혐기성 원핵생물이 초기 생명체로 먼저 등장하게 되었습니다.

그럼, 우리를 숨 쉬게 하는 산소는 언제 만들어졌을까요?

약 25억 년 전에 출현한 엽록소를 가진 시아노박테리아가 그 시작입니다. 불덩이 같은 지구 바다에서 시아노박테리아는 광합성을 통해 지구에 없는 산소라는 물질을 만들어 냈습니다. 태양빛,

물, 이산화탄소를 이용해 유기물을 합성하는 과정에서 산소를 뱉어낸 것이지요. 영하 70℃의 남극 빙하에서도 영상 200℃의 온천에서도 생존하는 시아노박테리아의 등장은 지구 생태계의 극적인 전환점이 되었습니다.

시아노박테리아가 뿜어내는 산소가 대기 중에 쌓이면서, 지구는 많은 변화를 겪기 시작했습니다. 무산소에 적응한 초기 생명체를 멸종시켰으며, 대기 속 메테인을 연소했습니다. 바닷속에 넘쳐나던 철 이온이 산소를 만나 산화되면서 두꺼운 철산화물의 퇴적층이 형성되었습니다. 이는 오늘날 산업 발전에 필수적인 물질인 철을 공급하는 원천이 되었죠.

지구에 새롭게 생겨난 산소는 생물의 진화에도 큰 영향을 미쳤습니다.

산소를 이용해 세포 호흡하는 생명체가 탄생하게 되었으며, 어려운 환경을 극복하기 위해 세포

들이 공생관계를 이루기 시작했습니다. 산소를 이용해 유기물을 분해하고 에너지를 얻는 세균이 고세균과 공생하여 미토콘드리아가 되었으며, 광합성을 하던 시아노박테리아도 고세균과 공생하여 빛에너지를 화학에너지로 전환하는 엽록체로 진화했습니다. 단순했던 원시세포는 더 복잡한 세포로 발전하면서 원생생물로 재탄생하게 되었습니다.

그러나 이러한 변화가 한창이던 25억 년 전까지만 해도, 여전히 지구의 생명체는 대륙에서는 살아갈 수가 없었습니다. 그럼 어떻게 해서 육지에서도 생물이 살아갈 수 있게 되었을까요? 이러한 의문의 답도 산소와 관련되어 있습니다.

여러분은 닐 암스트롱Neil Armstrong을 알고 계시겠죠? 1969년, 아폴로 11호가 최초로 달 착륙에 성공해 닐 암스트롱이 우주복을 입고 달 표면에 첫발을 내딛는 역사적 순간을 전 세계가 지켜보았습니다. 이때 닐 암스트롱은 왜 우주복을 착용해야 했을까요? 태양에서 방출되는 자외선에 직접 노출되면, 피부 세포가 손상되고 눈이 실명하는 등 생존의 위협을 겪게 되기 때문입니다.

오래 전 지구도 비슷한 환경이었습니다. 육지로 올라온 생물들은 자외선에 그대로 노출되어 생명을 잃었습니다. 지구에 오존층이 만들어진 후에야 대륙에서 생명체가 살 수 있게 되었죠.

오존층의 형성 과정을 한 번 살펴 볼까요?

광합성을 하던 시아노박테리아는 진화를 거쳐 바닷속 다른 생물들과 세포 공생을 이루었고, 이 과정에서 엽록체를 가진 식물성 플랑크톤이 등장했습니다. 이 플랑크톤들은 시아노박테리아보다 훨씬 더 많은 산소를 만들어 냈고, 이로 인해 지구 역사상 가장 높은 산소 농도가 대기 중에 형성되었습니다.

대기 중 산소가 늘어나자, 이 산소는 태양에서

오는 자외선과 반응해 '오존O_3'을 생성했습니다. 시간이 지나면서, 지구의 성층권에는 점차 두꺼운 오존층이 형성되었고, 이 오존층은 해로운 자외선을 효과적으로 막아주는 방패 역할을 하게 되었습니다.

이렇게 자외선이 차단되면서, 생명체가 바다를 떠나 육지에서도 살아갈 수 있는 환경이 갖춰지기 시작했습니다. 놀랍게도, 태양빛을 이용해 스스로 영양분을 만드는 생명체들이 '폐기물'처럼 내보낸 산소가 결국 지구를 살아 숨 쉬는 행성으로 바꿔 놓은 셈입니다.

산소는 이제 모든 생명체의 생존에 필수적인 물질이 되었습니다. 우리 또한 예외가 아닙니다.

2

우리는 식물의 ○○○을
먹고 살아가는 존재입니다.

산소는 식물이 스스로를 위해 만들어 낸 것이 아닙니다. 햇빛을 받아 광합성을 하고 난 뒤에 남겨진 부산물인 것이죠. 놀랍게도, 이 '버려진 것'이 지구 생명을 숨쉬게 만들었습니다.

인간은 하루에 2만 번 이상 숨을 쉰다고 합니다. 그러니 우리는 하루 2만 번 이상 식물의 폐기물을 들이마시고 있는 셈입니다. 이 폐기물이란 단어에서 불쾌감을 느끼는 사람이 있을지도 모르겠습니다. 그러나 매 순간, 매 초마다, 우리 인간이 생존을 위해 식물에게 의지하고 있는 것만은 분명한 사실입니다.

그렇다면 우리는 이 산소와 식물을 얼마나 알고 있을까요? 식물과 산소, 그리고 우리 인간은 어떤 방식으로 얽혀 있는 걸까요?

산소는 무색, 무취, 무미의 기체로 실온에서 분자 O_2로 존재합니다. 인간과 같은 동물은 산소 호흡을 통해 에너지를 생성하면서 살아가는 생명체입니다. 반면에 식물은 광합성을 통해 포도당이라는 에너지를 만들고, 부산물인 산소를 내보내 지구 생태계를 유지하는 역할을 합니다.

오늘날 지구의 대기 중 산소 농도는 약 21%입니다. 그럼 언제부터 현재와 같은 수준의 산소 농도가 되었을까요?

고생대 석탄기에는 지구의 대기 중 산소 농도

가 약 32%로 현재보다 훨씬 높은 수준이었다고 합니다. 높은 산소 농도는 대형 생물들이 번성할 수 있는 환경을 제공했으며, 다양한 생물로의 진화를 가능케 했습니다. 특히 침엽수와 같은 식물들이 출현하고 진화하면서 번성했습니다. 쥐라기 대형 공룡의 시대가 도래할 수 있었던 이유 중 하나가 대기 중의 높은 산소 농도입니다.

이후 대멸종의 시대가 찾아왔습니다. 대형 운석이 충돌하면서 먼지와 가스가 태양 빛을 차단시켰습니다. 지구 온도는 급격히 떨어질 수밖에 없었습니다. 그 온도 변화에 적응하지 못한 공룡을 포함하여, 전 지구 생물종의 약 75%가 사라졌습니다. 거대한 양치식물의 숲이 사라지면서 대기 중의 산소 농도가 현재 수준보다 낮은 수준까지 떨어졌다고 합니다. 그 후 포유류와 속씨식물이 번성하면서 지구 대기의 산소 농도는 다시 올라가 약 21% 수준을 유지하며, 현재까지 비교적 안정적인 산소 순환이 이루어지고 있습니다.

산소는 생태계의 다양성에 기여하고, 우리를 움직이는 원동력입니다. 그런데 산소 농도가 높다고 좋은 것은 아닙니다.

산소 농도가 높은 환경에서는 다양한 화학 반응이 가속화합니다. 철이 산소와 반응하여 녹이 스는 산화 과정도 빨라집니다. 그리고 불이 더 쉽게 발생하는 환경을 만들어 산불 등 다양한 화재가 발생합니다. 반대로 산소 농도가 낮은 고산지대에서는 사람들이 호흡 곤란과 피로감을 느낄 수 있습니다. 특히 저산소 공간에서 장시간의 생활하는 사람들은 대사증후군과 같은 만성질환에 걸릴 위험이 높습니다. 생명체의 건강과 지구 환경의 안정성을 유지하기 위해서는 약 21%의 적절한 산소 농도가 중요합니다.

우리가 지구에서 지속 가능한 삶을 영위하기 위해서는, 식물이 무엇을 하면서 지구 환경을 유지하는지를 이해할 필요가 있습니다. 그러므로 광합성을 꼭 기억해 두세요. 식물은 햇빛 에너지를 이용해 이산화탄소와 물을 포도당과 산소로 바꿉니다. 이렇게 만들어진 산소는 대기 중으로 방출되어, 다른 생물들이 호흡하며 살아가는 데 꼭 필요한 자원으로 쓰입니다. 지구 대기 중 산소의 상당 부분은 식물의 광합성을 통해 공급됩니다. 따라서 식물의 존재와 건강 상태는 대기 중 산소 비율에 큰 영향을 미칩니다.

우리 인간도 식물이 공급하는 산소에 의존해 살아가는 생명체입니다. 첨단 기술의 융합으로 초연결과 초지능 사회를 맞이했다 해도, 여전히 산소 없이는 단 하루도 살아갈 수가 없습니다. 그런데도 우리는 식물이 광합성을 통해 제공하는 산소의 중요성을 망각하고 있는 것 같습니다. 식물을 필요할 때 마음껏 사용할 수 있는 자원으로만 여기며, 다양한 식물이 모여 생태계 균형을 유지하고 있는 푸른 숲을 함부로 훼손하곤 합니다. 그

동안 나무들은 목재 생산, 가축 방목지 확보, 에너지 개발 등 경제적 이유로 무분별하게 벌목되어 왔습니다. 숲의 파괴는 대기 중 산소 농도 유지에 직접적인 영향을 미칩니다. 산소를 만들어 내는 식물의 수가 줄어들수록, 지구의 생명 순환 또한 위협을 받게 되겠지요.

게다가 현대인의 생활 방식은 식물과 더욱 멀어지고 있습니다. 실내 공간에서 보내는 시간이 늘고, 자연을 경험하는 기회는 점점 줄어듭니다. 아이들의 야외 활동 시간 감소, 미세먼지나 황사로 인한 실외 활동 자제 권고 등은 식물과 인간 사이의 직접적인 관계를 단절시키고, 식물의 생태적 역할에 대한 감각도 희미하게 만듭니다.

우리는 잊지 말아야겠습니다.
지구 대기 중 적정 산소 농도는 '그냥' 유지되는 것이 아니라, 식물이 매 순간 끊임없이 광합성을 하며 만들어 내는 결과라는 사실을요.

인간을 위한 자원, 기분 전환을 위한 소비재로 식물과 세상을 바라보는 시각에서 벗어나 '공생의 동반자'로 바라보려는 인식 전환의 시도가 절실한 때입니다.

씨앗 한 알로부터
시작된 인간 문명

산소를 내뿜는 식물 덕분에 우리는 숨을 쉴 수 있습니다. 하지만 식물과 인간의 인연은 단지 호흡에 그치지 않습니다. 산소를 제공하는 '생명의 동반자'였던 식물은 우리 삶의 방식까지 바꿔놓았습니다.

숲을 떠돌던 인간이 어느 날 땅에 떨어진 씨앗 하나를 심어보기로 결심하여 벌어진 일입니다. 인간과 식물 사이 오래된 약속, 긴밀한 거래에 대한 이야기를 이제 시작하겠습니다.

지금으로부터 약 30만 년 전, 현생 인류인 호모 사피엔스가 아프리카에 처음 등장했습니다.

이들은 두 발로 걷고, 도구를 만들고, 불을 사용할 줄 아는 유일한 동물이었습니다. 불은 인류의 삶을 완전히 바꿔 놓은 발견이었습니다. 불을 다루는 법을 터득하면서 인류는 온기를 쬘 수 있고, 날음식을 익혀 먹을 수 있게 되었습니다. 덕분에 소화기관은 짧아지고 뇌는 커졌지요. 그리고 원래는 먹기 힘들었던 식물도 익혀서 먹을 수 있게 되었습니다. 자연 상태 그대로는 소화할 수 없는 밀, 쌀, 옥수수, 감자 등의 식물은 불을 다룰 줄 아는 인류에게 유용한 식량자원이 되었습니다.

하지만 불을 다루는 인류의 등장 이후 바로 문명이 탄생한 것은 아닙니다. 그렇게 똑똑해진 인간도 수십만 년 동안은 여전히 떠돌이 생활을 해야만 했습니다. 숲에서 열매를 따고, 토끼를 사냥하고, 늘 새로운 먹거리를 찾아 떠나야 했지요. 들소와 사슴을 그린 알타미라 동굴 벽화, 손도장을 찍은 쇼베 동굴 등은 그들이 사냥하며 이동하는 삶을 살았다는 흔적을 보여줍니다.

문명이 태어나기 위해선 이 떠돌이 삶을 멈추고 한 자리에 머무는 정착이 필요했습니다. 그 전환점이 인간의 사고 방식의 변화, 즉 '인지 혁명'입니다. 『사피엔스』의 저자 유발 하라리가 말한 것처럼, 호모 사피엔스는 단순히 말하고 사냥하는 동물이 아니라, 상상력을 통해 공동체를 형성하고 허구를 믿으며 협력할 수 있는 존재가 되었습니다. 이런 인지적 전환 덕분에 인간은 생물학적 존재에서 문화적 존재로 진화할 수 있었습니다. 이 문화적 진화의 첫 결정적인 선택이 바로, 농업입니다.

그런데 무엇이 오랫동안 지속된 수렵 채집 생활에서 벗어나 농업을 통한 정착하는 삶으로 나아가게 했을까요? 결과적으로 살펴보면 벼, 밀, 옥수수, 보리, 수수 등 야생의 볏과 식물을 재배하기 시작하면서 인간은 문화적 진화를 선택하고 문명을 탄생시킬 수 있었습니다. 즉, 인류는 식물과의 공진화를 통해 문명 생활에 이르게 되었습니다.

학계에 공식적으로 보고된 바에 따르면, 지구에는 거의 200만 종의 생물이 살고 있다고 합니다. 그리고 조류 등 물속 식물과 이끼류 등을 제외한 식물의 수는 모두 39만 900여 종에 이른다며 영국 왕립식물원 큐가든이 발표했습니다. 볏과 식물은 세계 각지에서 흔히 볼 수 있으며, 무려 12,000여 종이 있습니다. 그런데 이토록 많은 야생 볏과 식물 중에서 인간은 어떠한 이유로 벼, 밀, 옥수수 등 몇 되지 않는 식물만을 재배하기 시작했을까요?

인간은 처음부터 자연을 계획적으로 통제한 것이 아니라, 생활에 유리한 식물들을 무의식적으로 선택하고 반복적으로 재배하면서 길들여 왔습니다. 이 과정은 수백, 수천 년에 걸쳐 일어났고, 결과적으로 벼, 밀, 옥수수 같은 곡물이 작물화되었습니다.

이 식물들은 원래 수렵 채집 시절에도 자주 채집되던 대상입니다. 인간은 알곡이 크고 맛이 좋으며 수확하기 쉬운 씨앗을 선호했습니다. 씨앗은 같은 특성을 이어받기에, 이런 선택이 반복되면서 자연의 특성은 점차 사라지고, 인간의 보호 없이는 살 수 없는 작물이 되었습니다.

특히, 씨앗이 익어도 저절로 떨어지지 않는 '탈립성 상실'은 수확량을 늘리고 저장을 가능하게 해 정착 생활의 기초가 되었죠. 이로 인해 인구는 증가하고, 사회 분업과 계급 같은 복잡한 구조도 생겨났습니다.

이제 작물화된 벼과 식물은 스스로 번식하지 못하는 대신 인간에게 식량을 제공합니다. 현재 벼, 밀, 옥수수 세 작물은 전 세계 인류가 섭취하는 칼로리의 약 60%를 책임진다고 합니다. 인간과의 공진화를 택한 이 식물들은 이제 지구상에서 가장 넓은 면적을 점유하는 식물이 되었습니다.

벼과 식물은 약 1만 년 전부터 주요 식량 작물로 자리 잡으며 농업의 기반이 되었습니다. 농업의 시작은 인류가 떠돌이 생활을 접고 정착하는 전환점이 되었고, 인류는 더 많은 식량을 얻기 위해 다양한 도구와 기술을 발달시켰습니다.

정착 생활과 함께 잉여 식량이 생기자, 사회는 더 복잡해지고 도시국가가 생겨났습니다. 지역과 기후에 따라 문명의 탄생 시기와 재배 작물은 다르지만, 야생 벼과 식물을 작물화하면서 문명의 시작이 되었다는 사실은 모두 동일합니다.

가장 오래된 메소포타미아 문명은 밀과 보리 농업에서 시작되었고, 이집트 문명 역시 나일강 유역에서 같은 작물을 재배했습니다. 동아시아의 황하 문명은 벼를, 아메리카의 마야·아즈텍·잉카 문명은 옥수수를 재배했으며, 특히 마야 문명에서는 옥수수를 신이 인간을 만든 재료로 여길 정도로 신성하게 생각했습니다. 옥수수는 창조 신화에 등장한 유일한 식물이기도 합니다.

농업이 시작되기 전 인류의 수는 약 500만 명에 불과했지만, 농업과 정착 생활, 문명의 발전으로 인구는 폭발적으로 증가했습니다. 기원전 1000년에는 1억 명 기원전 500년에는 2억 명으로 증가했고, 산업혁명을 거치며 그 속도는 더욱 빨라졌습니다. 1800년에는 약 10억 명, 1960년에는 30억 명, 2022년에는 무려 80억 명을 돌파했습니다.

기하급수적으로 늘어나는 인구 속에서 식량 부족은 필연적으로 우려됐습니다. 1798년, 토머스 맬서스는 인구는 기하급수적으로 증가하지만 식량 생산은 산술급수적으로 증가해 결국 빈곤과 기아가 닥칠 것이라 경고했죠. 그러나 현실은 달랐습니다. 산업혁명과 과학기술의 발전, 특히 농업 분야의 기술 혁신 덕분에 인류는 이를 극복해 왔습니다.

녹색혁명으로써 쌀, 밀, 옥수수 등 주요 작물의 생산량은 2~3배 이상 증가했고, 이는 지금까지의 인구 폭발을 지탱시킨 핵심 요인입니다. 인간과 작물은 이처럼 상호 영향을 주고받으며 함께 진화해 왔고, 앞으로도 늘어나는 식량 수요를 맞추기 위해 작물 개량은 계속될 것입니다.

인간은 상상력과 창조력을 바탕으로 자연을 변화시켜 왔고, 문명을 지속시키기 위해 끊임없이 새로운 도구와 방식을 만들어 냈습니다. 그러나 세월이 변해도 작물화된 식물은 여전히 우리 삶의 중심에 놓여 있습니다. 우리가 문명을 이룰 수 있었던 건 '식물' 덕분입니다.

볍씨 한 알이 흙 위에 떨어지던 그날로부터 시작해 수천 년 동안을 함께하며 인간은 식물을 길들이고, 식물은 인간을 길들여 왔습니다. 식물과 인간은 삶과 사회, 문화, 그리고 역사 전반을 함께 이뤄낸 공진화의 동반자입니다.

3장   인간은 왜 식물과 함께 살아야만 할까요?

여름, 계절학기

4장

여름꽃을 보며
'오늘'의 기쁨에
젖어볼까요?

녹음 짙은 계절에
발견하는 생명의 경이

"꽃은 열흘을 가지 않는다"고 하지요.
지금 이 순간도 흘러가면 다시는 돌아오지 않습니다.
그래서 우리는 오늘 피어난 꽃, 오늘 불어오는 바람, 오늘
내리쬐는 햇살을 향해 조금 더 눈을 돌리고 조금 더 귀를
기울여야 합니다.

어제보다 더 초록이 짙어지는 나뭇잎, 달큰하게 코끝을 스
치는 마삭줄 향기, 수백 마리의 푸른 나비 떼를 닮은 모양
으로 시선을 사로잡는 수국. 이 모든 것이 여름이 우리 곁
에 있다는 신호입니다.

흙 위에서 자라난 식물들은 얼핏 그 자리에 고정되어 있는
듯 보이지만 실은 끊임없이 변화하고 있습니다. 해를 따라
고개를 돌리고, 빛을 좇아 몸을 틀고, 뿌리는 물길을 찾아
보이지 않는 깊은 땅속을 더듬습니다. 계절의 변화를 읽고
잎을 떨어뜨리며, 뜻밖의 가뭄이나 병해충에도 묵묵히 버
팁니다. '살아간다'는 것은 주어진 자리에서 최선을 다하
는 일이라는 걸, 식물을 통해 배우게 됩니다.

여름의 자연은 이토록 고요하고도 치열합니다.
이 여름, 눈앞에 피어난 꽃을 바라보며 지금 이 순간의 생
을 오롯이 느껴보세요. 오늘 하루는 가고 나면 다시 돌아
오지 않습니다. 자연의 아름다움 속에서, 자기 자신도 꽃
처럼 살아가고 있음을 잊지 마시길 바랍니다.

여름의 시작을
알리는 꽃나무

입하立夏: 5월 5일가 되면 부드러우면서도 선명한 햇살이 초록빛 잎사귀를 어루만지기 시작합니다. 그리고 이때, '입하목'이라 불리는 이팝나무꽃이 피어나지요. 아직 뜨거운 여름의 한복판은 아니지만, 어서 짧은 봄날을 마무리하라고 여름을 즐길 준비를 시작하라고 이팝나무는 우리에게 신호를 보냅니다.

밥알 같은 이팝나무 꽃

넷으로 갈라지는 이팝나무 꽃잎

이팝나무는 그 이름의 유래가 두 가지로 나뉩니다. 첫 번째는 꽃이 피는 시기가 입하立夏 때 핀다는 의미에서 '입하나무'로 불리다가 '이팝나무'로 변했다는 설이며, 두 번째는 꽃이 모여 있는 모습이 하얀 쌀밥과 비슷해 '이밥나무'라고 불리다가

'이팝나무'로 굳어졌다는 설입니다.

이팝나무의 꽃은 농경 사회에서 중요하게 여겨졌습니다. 꽃의 상태로 올해 농사를 점쳤다고 합니다. 꽃이 많이 피고 오래가면 풍년이요, 아니면 흉년이 든다고 생각했지요. 아마 우리 조상님들은 밥그릇에 봉긋하게 담아놓은 쌀밥 같은 이팝나무 꽃을 보며 배고픈 계절을 견디고 쌀이 풍성한 가을을 기대했던 게 아닐까 싶습니다.

현대에 들어 이팝나무는 벚꽃이 진 후 봄과 여름을 이어주는 도심 가로수로 많이 식재됩니다. 그래서 도로변에서는 가느다란 흰 꽃잎이 밥알처럼 소담하게 피어난 모습을 자주 찾아볼 수 있습니다.

한편 요즘은 이팝나무의 개화 시기가 앞당겨지고 있다고 합니다. 봄비 내리는 곡우穀雨: 4월20일에 쌀밥 같은 꽃이 피어 난다는 소식에서 지구의 이상기온을 실감하게 됩니다. 농경 사회가 아닌 산업 사회로, 정보화 사회로 변화를 거듭하는 우리에게 이팝나무는 어떤 의미로 다가올까요? 아무쪼록 자연의 질서를 느낄 수 있는 나무로 남아 주기를, 1년 농사를 예측하듯 우리의 미래를 잠시 상상해 봅니다.

　5월 가정의 달이 되면, 산과 들에는 찔레꽃이 피어납니다. 다섯 장의 꽃잎을 활짝 펼치고 가운데에 노란 꽃술을 소복이 담아두고 있는 꽃이 바로 찔레꽃입니다.

왼쪽 다섯 장의 꽃잎을 가진 찔레꽃
오른쪽 그리운 고향 생각에 잠기게 하는 찔레꽃

찔레꽃 붉게 피는 남쪽 나라 내 고향

언덕 위에 초가삼간 그립습니다.

자주 고름 입에 물고 눈물 젖어

이별가를 불러주던 못 잊을 사람아

.....

일제강점기1942년 백난아가 부른 <찔레꽃> 노
래 가사입니다. 대한민국 야산에서 흔히 볼 수 있
는 장미의 원종인 찔레꽃을 소재로 고향을 그리워
하는 마음을 그린 노래입니다. <찔레꽃>은 광복과
한국전쟁 등 격동의 시기를 겪은 이들의 향수를
자극했고, 시대적 정서와 맞아떨어지면서 꾸준한
사랑을 받아오고 있습니다.

그런데 시작 부분의 '찔레꽃 붉게 피는'이란 구
절은 식물학자의 눈으로 보면 맞지 않는 표현입니
다. 찔레꽃은 백옥같은 하얀 꽃송이를 피우기 때
문입니다. 작사자가 본 찔레꽃은 해당화였지만,
지방명(방언)에 따라 찔레로 표현된 것이죠. 노래

가사에 등장하는 식물명은 틀렸지만, 이 노래로 인해 국민 가슴속에는 고향을 그리는 꽃으로 찔레꽃이 자리 잡게 되었습니다.

찔레꽃은 보릿고개 시절 배고픔을 달래기 위해 먹기도 했던 꽃입니다. 시골 어린이들은 찔레꽃을 간식처럼 따 먹었습니다. '찔레꽃 필 무렵에는 딸 집에도 안 간다'라는 속담을 아시나요? 가난했던 시절, 먹을 것이 부족해 손님을 맞이하기 어려운 상황을 표현한 말입니다. 모내기 철, 비가 오지 않아 농부를 애태우는 상황을 '찔레꽃가뭄'이라 부르기도 했지요. 찔레꽃은 우리 조상들이 겪어야 했던 척박한 삶 속에 깊이 각인된 존재입니다.

본격적인 농사의 시작을 알리는 소만小滿: 5월 21일이 되면, 연두색 잎들이 점점 진한 녹색으로 변화하면서 녹음綠陰이 짙어집니다. 월동에서 깨어난 곤충들이 활발히 활동하는 시기이기도 합니다. 이런 곤충들과 수분하기 위해 식물들은 일제히 꽃을 피우기 시작합니다. 짙은 녹음에 가려져 우리 눈에 잘 보이지 않는 식물이 대부분이지만, 꽃이 피면 한눈에 알아볼 수 있는 식물도 있습니다. 잎 위에 하얀 꽃을 피우는 산딸나무와 꽃대 끝에 겹겹이 펼쳐진 빨간색 장미가 대표적 예시입니다.

초여름에 피는 산딸나무꽃은 꽃잎이 십자 모양으로 배열되어 있어 위에서 보면 십자가를 연상케 합니다. 가지가 수평으로 퍼지는 층층 구조와 잎 위에 수놓은 순백의 꽃은 그 자체로 장관입니다. 이런 아름다움 때문에 한자로는 '사방을 비춘다'는 뜻인 사조화四照花 라고도 불립니다.

기독교 문화권에서는 이 십자 형태 때문에 산딸나무를 신성하게 여기며, 유럽과 미국에서는 정원수로 널리 재배해 왔습니다. 우리나라에서도 최근 가로수와 공원수로 많이 심고 있습니다. 미국산딸나무, 서양산딸나무 등 다양한 품종이 도입되었습니다.

위 초여름에 피는 산딸나무꽃
아래 십자가를 연상케 하는 산딸나무꽃

학명 Cornus kousa에서 Cornus는 '뿔'을 뜻하는 라틴어로, 목재가 단단하다는 의미를 담고 있습니다. 전설에 따르면 예수가 못 박힌 십자가가 산딸나무로 만들어졌고, 그 후 하나님이 다시는 그럴 일이 없도록 나무의 키를 줄이고 가지를 비틀게 만들었다는 이야기도 전해집니다. 그래서 꽃은 십자가를 닮았고, 중앙에는 가시관을 상징하는 무늬가 남았다는 시적 해석도 있습니다.

한편, 산딸나무 십자가 모양의 꽃잎은 실제로는 '꽃잎'에 해당하지 않습니다. 잎이 변형된 포엽苞葉이지만 우리 눈에는 꽃잎으로 착각할 정도인데, 이는 곤충을 유인하기 위한 진화의 산물입니다. 산딸나무꽃은 나뭇잎 위로 피어나기 때문에 밑에서 잘 보이지 않지만, 위에서 바라보면 꽃의 아름다움에 취하게 됩니다. 아파트 공화국에 살아가는 우리나라 고층 아파트 주민에게 5월은 자연의 꽃다발을 선물합니다.

아파트 거실에서 내려다 본 산딸나무 꽃다발

여름꽃을 보며 '오늘'의 기쁨에 젖어볼까요?

짙은 녹음 사이로 붉은 꽃 한 송이가 피어나는 순간 단번에 우리의 시선을 사로잡는 꽃이 있지요. 단연 장미입니다. 서로를 향한 마음을 전하는 꽃답게 장미는 셀 수 없이 많은 품종이 존재합니다.

'장미'를 뜻하는 영어 Rose는 라틴어 학명 Rosa에서 유래합니다. 우리가 흔히 보는 원예종 장미의 정식 명칭은 Rosa hybrida입니다. 여기서 Hybrida는 '잡종'을 뜻하는 말로, 다양한 품종이 혼합되며 지금의 다채롭고 풍성한 장미가 탄생했음을 보여줍니다.

아파트 울타리에 피어나는 장미

아파트 울타리에 활짝 핀 장미

장미는 단지 아름다운 꽃이 아니라, 시대와 국경을 초월한 사랑의 상징이기도 합니다. 특히 붉은 장미는 마음을 고백하는 대표적인 꽃으로 수많은 시와 노래, 그림 속에 등장해 왔습니다.

동양에서도 장미는 오래전부터 사랑받아 온 꽃입니다. 『삼국사기』에도 장미에 대한 기록이 있으며, 『양화소록』에서는 장미를 "아름답고 아담한 자태를 지닌 꽃"으로 묘사하고 있습니다. 중국에서는 아름다운 벗이라는 뜻의 '가우佳友'라 부르며 그 가치를 높이 샀습니다.

햇살이 따사롭게 쏟아지는 장미의 계절, 우리도 그 향기와 색을 잠시 느껴 보면 어떨까요?

잠깐의 여유 속에서 소중한 사람을 떠올리고, 그 마음을 붉은색 장미 한 송이에 담아 전해보세요. 현대인에게 있어 하루는 늘 바쁘기 마련이라, 이렇게 애써 마음을 표현하지 않으면 여유는 찾아오지 않습니다. 식물은 우리를 잠깐 멈추게 하는 선물입니다.

산딸나무와 장미처럼 눈길을 사로잡는 꽃은 아니지만, 같은 시기 우리 곁에서 향기로 존재감을 드러내는 식물도 있습니다. 바로 덩굴식물인 마삭줄입니다. 제가 자주 산책하는 해반천 근처, 김해 경전철 교각 아래 콘크리트 벽면에는 마삭줄이 식재되어 삭막한 회색 공간을 초록으로 채워줍니다.

무더운 여름이 오기 전, 마삭줄로 가득한 그 공간을 지나면 달콤한 재스민과 비슷한 향이 바람에 실려 코끝을 간질입니다. 멀리서는 평범한 녹색 잎으로만 보이지만, 가까이 다가가면 선풍기처럼 생긴 작고 하얀 바람개비 모양으로 핀 꽃들을 볼 수 있습니다. 날개가 다섯 장 달린 그 꽃송이를 바라보고 있으면, 지금이라도 빙글빙글 돌며 향기를 더 멀리 날려 보낼 것만 같은 상상에 사로잡힙니다.

'마삭줄'이라는 이름은 질긴 줄기가 삼으로 꼰

밧줄처럼 생겼다 해서 붙여졌습니다. 예로부터 사람들이 무언가를 단단히 묶을 때 사용했던 실용적인 식물이기도 합니다.

따뜻한 남부 지방의 숲속에서 자주 볼 수 있던 이 식물은 최근 지구온난화의 영향으로 중부 지방에서도 흔히 만날 수 있습니다. 또한 도시의 벽면 녹화 식물로 각광 받고 있습니다.

재미있는 점은 마삭줄이 땅바닥을 덮고 자랄 때는 잎이 작고 꽃이 거의 피지 않지만, 햇빛이 잘 드는 곳에서 벽을 타고 올라가면 꽃도 피고 잎도 무성해진다는 것입니다. 마치 환경에 따라 자신을 유연하게 변화시키며 피어나는 식물처럼 느껴지지요.

마삭줄은 스스로 움직일 수 없지만, 어떤 벽도 타고 오르고, 어떤 틈에도 뿌리내리며 도시 속에서도 자기 자리를 만들어 갑니다. 그 작고 단단한 꽃이 전하는 향기 속에서 저는 이런 생각을 하게 됩니다. 우리의 삶도 마삭줄처럼 강인하면서도 유

왼쪽 교각 하부의 벽면녹화 식물인 마삭줄
오른쪽 선풍기 날개를 연상하게 하는 꽃

연하게, 스스로를 조율해가며 세상에 뿌리내려야 하지 않을까 하고요. 바람을 타고 흘러오는 그 은은한 향기처럼 말입니다.

완연한 여름이 되기 전, 곡식 씨앗을 뿌리기에 적당한 망종芒種: 6월 6일에 접어들면 상록활엽수에도 꽃이 핍니다. 차폐 기능을 위해 도시 도로변에 많이 식재되는 나무인데요. 대표적인 수종이 광나무입니다.

위 새로운 가지 끝에 꽃이 피는 광나무
아래 강인한 마음이라는 꽃말을 지닌 광나무꽃

빛나는 잎을 가진 광나무는 잎이 두껍고 광택이 나는 조엽수照葉樹로 겨울이 될수록 더욱 진하게 변하는 녹색이 특징입니다. 매서운 겨울 추위 속에서도 굴하지 않고 고고한 푸른 자태를 그대로 지니고 있다고 하여, 정절을 지키는 여인을 상징하는 의미로 여정목女貞木이라고도 불립니다.

광나무도 나름의 방식으로 여름을 알립니다. 녹색 잎과 대비되는 하얀 꽃이 그 신호입니다. 강인한 마음이라는 꽃말을 지닌 광나무 꽃은 새로운 가지 끝에 원추형 꽃차례를 형성하며, 작은 봉오리에서 꽃을 잔뜩 피웁니다. 꽃이 지고 나면 작은 초록색 열매가 맺히고, 가을이 되면서 진한 흑자색으로 익어 갑니다. 생김새가 영락없는 쥐똥나무 열매 같습니다.

쥐똥나무도 광나무와 비슷한 시기에 꽃을 피웁니다. 가지 끝에 피어나는 꽃은 작아서 사람들의 관심을 받지 못하지만, 가까이 다가서면 그윽한 향기가 납니다. 비록 향기를 멀리 보내지는 못해도 곤충들에게는 꽃을 차지하기 위한 쟁탈전이 벌어질 만큼 충분합니다.

쥐똥나무도 광나무와 함께 도로변 사람을 보호하기 위한 울타리 식재로 많이 쓰입니다. 가지가 빽빽하게 자라서 경계를 짓기 좋습니다. 예전에는 쥐똥나무를 밭의 경계를 정하기 위해 심기도 했다고 합니다.

쥐똥나무와 광나무의 열매는 '수랍과水蠟果'라고 하여 햇빛에 말려 약재로 사용합니다. 강장, 지혈에는 물론 허약한 사람들에게도 유용한 약재였습니다. 수랍水蠟은 '백랍白蠟[1]'을 한방에서 이르는 말입니다. 백랍 벌레가 기생하는 쥐똥나무와 광나무는 인간에게 약이 되는 등 쓰임이 많은 식물입니다. 그리고 도로변에 식재되어 우리의 안전을 지

---

1 백랍 벌레의 집 또는 백랍 벌레 수컷의 유충이 분비한 물질을 가열 및 용해하여 찬물로 식혀서 만든 물건. 고약의 원료.

켜주는 고마운 나무입니다.

왼쪽 가지 끝에 피어나는 작은 쥐똥나무꽃
오른쪽 꽃향기를 가진 쥐똥나무꽃

광나무와 쥐똥나무처럼 도로변의 차폐 기능은
아니지만, 보기 싫은 구조물을 가리는 상록활엽수
가 있습니다. 녹색 울타리로 아파트 단지에 많이
식재되어 있는데요. 꽃과 열매보다 넓은 상록의
잎이 인상적인 아왜나무입니다.

가지 끝에 삼각형으로 무리 지어 흰색 꽃이 피는 아왜나무

대한민국 아파트에 살고 있는 사람은 알게 모르게 아왜나무를 스쳐 지나갑니다. 한여름이 다가오기 전, 아왜나무꽃은 가지 끝에 삼각형 모양으로 무리 지어 흰색으로 피어납니다.

아파트에 다른 사철 푸른 나무보다 아왜나무를 많이 볼 수 있는 이유가 있습니다. 아왜나무 잎은 두껍고 수분을 많이 포함하고 있어서 방화수로 적합한 수종입니다. 아파트에 화재가 발생했을 때 불이 옮겨 붙으면, 나무의 수분이 빠져나오면서 거품을 형성하여 화재 차단막을 만듭니다. 자연이 만들어 낸 천연 소화기인 셈입니다.

아왜나무는 인동과 상록 식물로 향기로운 꽃과 대칭적인 잎을 가지고 있습니다. 특히 아왜나무꽃은 벌들이 좋아하는 꿀을 분비하는 밀원식물로 활용됩니다. 최근 식물의 수분受粉을 돕는 꿀벌 개체 수가 감소하여 심각한 문제로 떠오르고 있습니다. 꿀벌은 단순히 꿀을 만드는 곤충이 아니라, 많은 식물 번식의 매개자로 생태계와 인류에 꼭 필요한

위 가지 끝에 삼각형으로 무리 지어 흰색 꽃이 피는 아왜나무
아래 밀원식물로 활용되는 아왜나무

존재입니다. 꿀벌 보호가 곧 우리의 미래를 지키
는 일입니다.

아왜나무를 단순히 차폐 기능만으로 평가하지
말고, 우리 삶에 다양한 도움을 주는 소중한 식물
로 바라봐 주기를 바랍니다. 아왜나무뿐만 아니라
주변에서 볼 수 있는 일상적인 식물 모두 자세히
들여다보면 있는 힘껏 살아가며 우리에게 수많은
혜택을 제공하는 고마운 생명체입니다.

복습포인트!

우리 인간이 생존하기 위해서는 식물이 광합성을 하고 내뱉
은 산소가 반드시 필요하지요.
그뿐만 아니라 식물은 우리의 허기를 채우는 식량이 되기도
하고, 병을 고치는 약재로 쓰이기도 합니다. 우리는 또 어떤
도움을 받고 있을까요?
책에 나온 내용을 토대로 다른 사례를 찾아 봅시다.

여름을 비추는
꽃나무

낮이 가장 긴 하지夏至: 6월 21일가 지나고 본격적으로 더위가 시작되는 소서小暑: 7월 7일가 되면, 도시에서 꽃보다는 싱그러운 초록을 더 자주 접하게 되지요. 그러나 이 계절에도 꽃을 피우는 식물은 분명 존재합니다.

위 산성 토양에서 피는 파란색 수국
아래 알칼리성 토양에서 피는 분홍색 수국

6월 장마가 시작되면, 비와 습기를 머금은 공기 속에서 수국이 풍성한 꽃송이를 활짝 피워내며 습하고 무더운 여름을 아름답게 물들입니다. '수국'이라는 이름답게 물을 좋아하는 이 꽃은 장마철의 습한 환경에서 더욱 생기 있게 자라며, 흐린 날씨 속에서도 화사한 색감으로 마음을 환히 밝혀 줍니다.

수국의 학명은 'Hydrangea macrophylla for. otaksa (Sieb. et Zucc.) Wilson'입니다. 윌슨이 붙인 학명 중 속명인 히드란게아Hydrangea는 '물'을 뜻하는 단어와 '그릇'을 뜻하는 단어의 합성어로, 습지에서 잘 자라는 특징과 둥근 꽃송이 형태를 의미합니다. 꽃 모양 때문에 '수구화繡毬花'라 부르기도 하는데, 이는 '비단에 수놓은 듯한 둥근 꽃'을 뜻합니다. 꽃 색이 연한 자주색에서 담홍색으로 변하는 특징이 있어 '자양화紫陽花'라고도 불립니다.

수국의 종소명인 마크로필라macrophylla는 '잎이 크다'는 뜻으로, 달걀 모양의 넓은 잎을 가리킵

여름, 계절학기

니다. 흥미롭게도 학명에는 1800년대 일본에서 활동한 식물학자 지볼트의 연인 이름 '오타그사 otaksa'가 포함되어 있습니다. 지볼트는 우리나라 소나무 학명을 붙이기도 한 인물이죠. 한국에는 산에서 만나는 '산수국', 제주 한라산 1,000m 이상에서 볼 수 있는 '탐라수국' 등이 서식합니다. 덩굴성 '등수국'과 일본에서 들어온 '나무수국'도 있습니다.

수국의 가장 신비로운 점은 토양의 산도pH에 따라 꽃 색이 달라진다는 것입니다. 산성 토양에서는 파란색, 중성이나 알칼리성에서는 분홍이나 보라색 꽃이 피는데요. 토양 상태를 조절하면 원하는 색깔의 꽃을 즐길 수 있습니다. 환경에 따라 색을 바꾸며 자신의 매력을 잃지 않는, 참 특별한 꽃입니다. 여름의 한복판에서 마주치는 수국의 다채로운 색과 풍성한 모습은 계절의 생명력에 새삼 감탄하게 합니다.

산수국

나무수국

수국이 필 때 함께 피는 치자나무는 늘 푸른 키
가 작은 나무입니다. 구역 경계를 나타내는 울타
리용으로 자주 심는 사철나무와 비슷하게 보이지
만, 여름철 꽃이 피어나면 눈길이 가는 식물입니
다. 보통 6장의 꽃잎이 방사형으로 펼쳐진 순백색
의 꽃은 백옥처럼 반짝입니다. 꽃에 반해 다가가

면 달콤하면서도 은은한 꽃향기로 화답하는 여름의 선물 같은 식물입니다. 그리고 일반 치자꽃과 달리 품종을 개량한 장미처럼 화려한 겹꽃 형태의 꽃을 피우는 꽃치자라는 식물도 여름철 도시 곳곳에서 볼 수 있습니다.

치자나무 꽃향기는 모든 향기 중에 으뜸이라고 언급한 문헌이 많습니다. 홍만선은 『산림경제』에서 화훼류 중의 명품이라고 칭송했습니다. 그런가 하면 꽃보다 긴요한 염료로 사용되는 열매를 얻기 위해 치자나무를 많이 심었다고 합니다. 주황색 열매는 옷감을 염색하거나, 음식 재료에 색을 낼 때도 사용되었습니다. 그래서 치자나무는 많은 돈을 가져다주는 경제 작물로 귀하게 여겨졌습니다.

염료로 쓰였던 치자나무는 오늘날에도 차, 화장품, 방향제 등 다양한 형태로 우리의 삶에 녹아들고 있습니다. 여름철 치자나무 순백의 꽃도 우리 일상으로 들어오길 기대합니다.

수국과 치자나무의 꽃들이 지고 나면, 본격적

왼쪽 여름 꽃향기를 선물하는 치자나무꽃
오른쪽 방사형으로 펼쳐진 순백의 치자나무꽃

으로 더위가 시작됩니다. 무더운 여름을 아름답게
달래는 자귀나무가 꽃을 피울 시간이지요. 자귀나
무꽃은 부드러운 연분홍빛 깃털이 공중에 흩뿌려
진 모습을 하고 있습니다. 한 송이의 꽃은 수많은
가느다란 실처럼 가는 수술들이 모여 이루어져 있
는데요. 마치 여름 하늘에 피어난 분홍빛 불꽃처
럼 화려합니다. 약한 바람에도 흔들려 꽃 전체가
살아 움직이는 듯한 느낌을 줍니다.

자귀나무꽃은 밤이 되면 활짝 피고, 낮에는 시들 듯 오므라드는 특성 때문에 '밤에 피는 꽃'으로도 불립니다. 반면에 자귀나무잎은 밤이 되면 서로 마주 닫히며, 애인처럼 끌어안고 잠을 자는 모양이 됩니다. 사람들은 이런 모습을 보고 여러 가지 이름으로 자귀나무를 불렀습니다. 잎이 합하는 모습을 보고 합혼수合婚樹라고도 하고, 밤에 잎을 합한다고 하여 야합수夜合樹라고도 했습니다. 잎을 합한 모습에 정이 있는 것으로 해석하여 유정수有情樹라고도 불렀습니다.

금실이 좋은 부부를 뜻하는 자귀나무는 단순한 식물이 아니라 인간의 감정과 관계를 반영하는 상징적인 존재였습니다.

왼쪽 분홍빛 불꽃처럼 화려한 자귀나무
오른쪽 공작새 꽁지처럼 꽃이 피는 자귀나무

무더운 여름에도 이곳저곳에서 꽃 축제가 열립니다. 수국과 함께 여름 꽃 축제로 유명한 대표적인 식물이 연꽃입니다.

연꽃은 여름 더위가 시작되는 소서小暑에 꽃을 피워서, 가장 더운 대서大暑에 만개합니다. 연꽃은 나무가 아닌 다년생 수초이며, 연못 진흙 속에서 아름다운 꽃을 피우는 식물입니다. 진흙 속에 뿌리를 내리고 피어나지만, 흙탕물이 전혀 묻지 않는 연꽃은 불교에서 번뇌 속에서 피어나는 깨달음을 상징하는 극락세계의 꽃으로 여겨집니다. 선의 선비들도 연꽃을 군자의 덕목을 상징하는 고결함과 절개의 표상으로 여겼습니다.

연꽃은 그 자체로도 아름답지만, 몸과 마음을 다스리는 식자재로도 널리 쓰입니다. 식이섬유가 풍부해 장 건강에 좋은 연근은 연꽃의 땅속줄기이며, 카페인이 없어 수면 전에 마시기 좋은 연꽃차는 연꽃을 말린 것입니다. 여름에 별미로 많이 먹는 연잎밥도 있으며, 씨앗도 죽, 떡, 차로 음미합니다. 꽃부터 뿌리까지 모두 맛볼 수 있는 훌륭한 식자재입니다.

연꽃 씨앗에는 우리의 상상을 초월한 놀라운 능력이 있습니다. 단단한 껍질과 내부의 배아 보호 구조 덕분에 수천 년을 견디고 싹을 틔우기도 합니다. 2009년 경남 함안군 성산산성에서 발견된 연꽃 씨앗은 700년 전 고려 시대의 것으로 밝혀졌으며, 그 씨앗이 다시 꽃을 피우며 세상에 모습을 드러낸 기적 같은 사건이 있었습니다. 이 연꽃은 '아라홍련阿羅紅蓮'이라는 이름으로 불리며, 이 연꽃의 부활을 기념하여 함안군에서 '함안 연꽃테마파크'를 만들기도 했습니다.

아름다운 연꽃 못지않게 연잎도 참 멋진 식물입니다. 연잎은 물에 젖지 않고 스스로 깨끗함을 유지합니다. 이러한 놀라운 자연 현상을 우리는 '연잎 효과Lotus Effect'라고 말합니다. 연잎 표면에는 수많은 미세한 돌기가 있어, 물방울이 연잎 위를 굴러가면서 먼지, 균, 오염 물질을 함께 제거합니다. 이처럼 깨끗함을 유지하는 연잎의 회복력은 지구온난화를 극복해야 하는 우리에게 꼭 필요한 능력이 아닌가 합니다.

진흙 속에서 피어나는 아름다운 연꽃

극락세계의 꽃, 연꽃

연못이나 습지에 가야만 연꽃을 볼 수 있다면, 아파트 단지와 공원 등에는 다른 분홍색 꽃이 있습니다. 연꽃처럼 무더운 한여름에 꽃이 피는 배롱나무입니다.

배롱나무는 백일가량 오래도록 꽃이 핀다고 백일홍百日紅이라고도 부릅니다. 그렇다고 배롱나무 꽃이 반드시 100일 동안 내내 피어 있는 것은 아닙니다. 대개 나무의 꽃은 '화무십일홍花無十日紅'이라는 말처럼 십 일을 피어 있지 못하지만, 배롱나무꽃은 한 송이에서 오랫동안 피는 것이 아니라, 수많은 꽃이 가지 끝에 원추형을 이루며 차례로 피어납니다. 따라서 여름 내내 꽃을 볼 수 있게 된 것이지요.

위 한여름에 꽃이 피기 시작하는 배롱나무
아래 수많은 꽃이 가지 끝에 차례로 피는 백일홍

여름꽃을 보며 '오늘'의 기쁨에 젖어볼까요?

배롱나무는 부처꽃과에 속하는 식물로 꽃을 '부처님 꽃'이라고도 합니다. 특히 스스로 투박한 껍질을 해마다 벗겨내는 배롱나무처럼 속세의 욕망과 번뇌를 벗어버리고 수행에 전념하라는 의미로 사찰에서 즐겨 심었습니다.

학술적 문화적 가치가 높다고 인정받아 천연기념물로 지정된 배롱나무도 있습니다. 부산진구 양정동 화지공원에서 볼 수 있는 약 800년의 수령을 자랑하는 배롱나무입니다. 고려 중기 동래 정씨東萊鄭氏 시조 정문도鄭文道 공의 묘소 양옆에 심겨 있습니다. 배롱나무의 분홍색 꽃은 여름 내내 피어, 여름 산책을 보다 행복하게 만듭니다.

식물을 더 공부하고
싶다면

하지, 소서, 대서, … 이 단어들이 아직 어색한가요?
각 절기마다 주변 식물을 공부하며 계절의 흐름을 익히고 싶
다면 '샐러드연맹'이 발행하는 이메일 뉴스레터 〈식물알림
장〉 구독을 권합니다.

또한, 기상청 국가기후데이터센터에서 운영하는 웹사이트
'기상자료개방포털'에서는 각 절기의 최근 30년 기상 변화를
조회할 수 있는 '기후통계분석' 기능을 제공합니다.
기후 위기로 인해 각 절기의 날씨가 어떻게 바뀌고 있는지
궁금하다면 참고하세요.

가을, 2학기

5장

미래를 위한
정답지는 어디에
있을까요?

위기의 시대,
공진화를 위한 사유

여러분은 스마트폰을 하루에 몇 번이나 충전하시나요?
침대 머리맡에 두었다가 일어나자마자 또 손에 쥐는 그 익
숙한 루틴 속에서 우리는 전기를 끊임없이 소비합니다. 배
터리 잔량을 걱정하며 충전기를 찾는 일은 이제 거의 반사
적인 행동이 되었지요.
그렇다면 식물은 어떤가요?
여러분은 그 작은 생명을 얼마나 자주 바라보고, 또 얼마
나 자주 손을 내밀어 주고 있나요?

지금 이 순간에도 우리는 AI와 디지털 기술을 통해 문명을
재구성하고 있습니다.
가상의 존재와 대화하고, 클릭 한 번으로 정교한 세계를
창조합니다. 어쩌면 화분에 물을 주고 꽃을 길러내는 일보
다 AI의 도움으로 한 송이 꽃을 창조해 내는 일이 더 쉽게
느껴질지도요. 스마트폰 속의 꽃은 언제나 만개해 있고,
게임 속 나무는 죽지 않으니까요.

하지만, 이 놀랍도록 정교한 기술의 이면에 조용히 무너지
는 세계가 있습니다.
디지털 서버를 식히는 거대한 데이터 센터는 하루 24시간
내내 엄청난 양의 전기를 먹어 치우고, 수천 톤의 물을 소
비합니다. 버려진 전자기기는 산처럼 쌓이고, 중금속은 땅
을 오염시키며 강을 병들게 하지요.

기술이 발전할수록 삶은 편리해지지만, 우리는 점점 자연과 멀어지고 있습니다.
그리고 멀어진 거리는 다시 우리 삶의 터전을 위협하는 깊은 균열이 되어 돌아옵니다.

이제 가상의 세계가 아닌, 우리가 숨 쉬는 현실의 이야기를 함께 고민해 봅시다.
기술을 버리자는 얘기가 아닙니다.
인간과 자연, 생명과 기술이 함께 살아갈 수 있는 새로운 공진화의 방향을 모색할 시간이 도래한 것입니다.

해답은 멀리 있지 않습니다.
아주 가까운 곳, 우리가 너무 오래 등 돌리고 있던 땅과 바람과 식물의 언어 속에 숨겨져 있을지도 모릅니다.

여러분은 10년 후의 인류를 상상할 수 있나요?

인류는 지금 '인공 진화'의 시대에 살고 있습니다.

예전의 '진화'는 자연이 주도하는 개념이었습니다. 긴 시간에 걸쳐 생명체가 조금씩 변화를 반복하며 자연환경에 적응해 나가는 과정이 진화였지요. 그런데 지금은 달라졌습니다. 자연이 아닌 인간의 손에 의해 진화가 일어나고 있습니다. 우리가 만든 인공지능(AI)과 생명공학 기술이 사람을 포함한 생명체를 새로운 모습으로 바꿔나가고 있습니다. 단순한 기술 발전을 거듭하는 산업 시대에서 인간의 본질까지도 변화시키는 인공지능 시대로 접어든 것입니다.

1956년 다트머스 회의에서 '인공지능Artificial Intelligence'이라는 개념이 처음 탄생한 이래, 컴퓨터 성능과 데이터의 한계로 잠시 주춤했던 AI는 1980년대 후반부터 다시 도약하기 시작했습니다. 1997년 IBM의 '딥블루'가 체스 챔피언을 꺾었고, 2011년 '왓슨'은 퀴즈쇼에서 인간을 압도했습니다. 하지만 이들 AI는 입력된 데이터를 기반으로 한 '규칙 기반' 시스템에 불과했습니다.

진정한 전환점은 2016년 구글 딥마인드의 '알파고'가 바둑 세계 챔피언 이세돌을 이기면서 찾아왔습니다. '알파고 제로'는 인간의 데이터를 입력받지 않고 스스로 학습하며, 이전에 없던 창의적인 수를 두어 인공지능의 새로운 가능성을 열었습니다. 이 시기는 4차 산업혁명의 본격적 시작과 맞물리기도 했습니다. AI는 이제 교육, 연구, 산업 전반에 혁신을 불러일으키고 있습니다.

한편 우리는 생명공학 기술도 함께 발전시키고 있습니다. DNA 유전 정보를 해독하고, 유전자 편집 기술인 '크리스퍼-캐스9'을 통해 생명의 설계도까지 직접 다루는 시대가 도래했습니다. 이는 세상을 구하기 위해 세상을 파괴할지도 모르는 선택을 해야 하는 천재 과학자의 핵개발 프로젝트를 그린 영화 <오펜하이머>를 떠올리게 합니다. 이제 인류는 자연에 적응하는 것을 넘어서 미래를 스스로 바꾸고 결정하는 시대에 진입한 것입니다.

이 혁신적인 기술 발전 이면에는 우리가 꼭 짚고 넘어가야 할 중요한 문제들이 있습니다. 그중 하나는 이 기술들이 '인간 중심'으로만 개발되고 사용된다는 점입니다. 즉, 기술이 자연 전체와 조화를 이루기보다는 '인간이 원하는 대로' 환경을 바꾸고 통제하는 쪽으로만 발전하고 있습니다. 이러한 힘은 '신의 영역에 발을 들여놓았다'는 경고와 함께, 우리에게 윤리적·사회적 선택을 요구합니다. 이미 인간 유전자 편집과 관련한 국제적 논쟁과 '모라토리엄' 선언이 있었습니다.

또한 인공지능과 디지털 기술의 발전은 인간과 자연 사이의 물리적, 심리적 거리를 더욱 벌려놓습니다. 스마트폰과 도시화, 비대면 사회는 사람들로 하여금 자연과 접촉하는 시간을 줄이고, 자연을 단순한 '배경' 혹은 '자원'으로 인식하게 만듭니다. 이런 환경 속에서 AI는 인간의 활동을 최적화하고 통제하는 도구로 쓰일 뿐, 자연과 생태계가 처한 위기를 스스로 인식하거나 해결하지는 못합니다.

결국 문제의 근본적인 원인은 인간 중심적 사고에 있습니다. 인류는 오랫동안 자연을 '지배'하고 '이용'의 대상으로만 여겨 왔습니다. 무한한 자원이 제공된다는 착각 아래에서, 산업화와 도시화, 대규모 벌목, 화석연료 남용 등으로 지구 환경을 극심하게 훼손해 왔습니다.

지금 우리 인류에게 닥친 최대의 전 지구적 환경문제는 누가 뭐래도 지구온난화에 따른 기후 위기입니다. 2015년 파리 협정 이후, 전 세계는 산업화 이전 대비 지구 평균 기온 상승 폭이 1.5℃를 넘지 않도록 노력하는 것을 공동의 약속으로 삼았습니다. 하지만 2024년 지구 평균 기온이 1.55℃ 이상 오르면서, 인류가 지켜내려 했던 1.5℃의 한계선은 결국 깨지고 말았습니다.

그렇다면 지구 평균 기온 상승만 막으면 전 지구적 환경문제는 해결되는 것일까요? 기후 위기만 해결하면 산업화 이전 안정된 지구에서 지속 가능한 삶을 누릴 수 있을까요? 그렇지 않습니다. 기후 위기 외에도 우리가 대응해야 하는 환경문제들은 무수히 많습니다. 특히 지구 생태계의 회복

없이는 우리가 맞닥뜨린 기후 위기의 극복은 요원합니다.

지구는 하나뿐입니다. 하지만, 80억 명의 인간이 지구에 거주하면서 한 해 동안 지구가 생산할 수 있는 자원보다 훨씬 많은 양을 소비하고 있습니다.

미국 출신 방송인 타일러 라쉬는 『두 번째 지구는 없다』라는 책을 통해 기후 위기를 경제적 관점에서 접근하며, 지구가 인간에게 자연 자원을 더 이상 빌려줄 수 없다면 남은 선택지는 종말뿐이라고 경고합니다. 그리고 지속 가능한 삶을 위해 우리는 적극적으로 환경문제를 직시하고 행동할 것을 촉구하고 있습니다.

우리가 사용하는 물, 공기, 에너지, 그리고 다양한 자연의 자원들은 유한합니다. 이를 무분별하게 사용하면 우리의 생존도 장담할 수 없습니다.

글로벌 풋프린트 네트워크Global Footprint Network는 인류가 소비하는 지구 자원의 양과 폐기물 처리에 필요한 면적을 땅의 크기에 비유하여 '생태발자국Ecological Footprint'이라는 개념을 만들었습니다. 2024년 전 세계 인구의 1인당 평균 생태발자국은 약 2.6 글로벌 헥타르gha이며, 이는 지구가 재생할 수 있는 생태 수용력을 초과하는 수치입니다. 지구가 1인당 재생할 수 있는 생태 수용력은 약 1.5 글로벌 헥타르gha입니다. 이러한 수치로 지구 환경을 바라보면, 인간은 마치 1.7배의 지구에 사는 것처럼 많은 생태 자원을 사용하고 있습니다.

인류의 생태 자원 수요는 이미 1970년대 이후 지구의 자원 재생 능력을 앞질렀습니다. 인류가 한 해 동안 사용할 수 있는 지구 자원을 모두 소비하는 시점을 '지구 생태 용량 초과의 날Earth Overshoot Day'이라 부릅니다. 2025년의 '지구 생태 용량 초과의 날'은 7월 24일입니다.

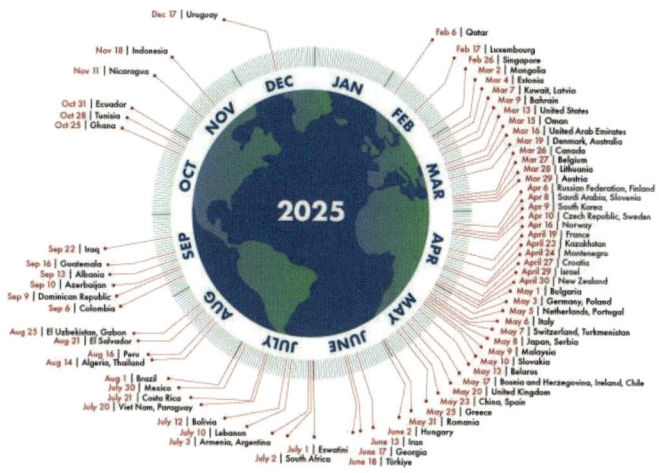

Country Overshoot Days 2025
When Earth Overshoot Day would land if all the people around the world lived like...

For more information, visit:
https://overshootday.org/newsroom/country-overshoot-days/
Source: National Footprint and Biocapacity Accounts, preliminary 2025 Edition
York University, FoDaFo, Global Footprint Network, data.footprintnetwork.org

2025년 지구 생태 용량 초과의 날(Earth Overshoot Day)

세계가 아닌 우리나라의 생태발자국은 어떤 상황일까요?

우리나라는 세계 평균의 생태발자국 수치보다 더 극단적입니다. 1인당 생태 수용력은 약 0.6 글로벌 헥타르gha인 반면에 생태발자국은 약 6.3 글로벌 헥타르gha입니다. 우리나라 국민은 3.8개의 국토가 필요합니다. 생태발자국이 생태 수용력을 많이 초과하는 나라이며, 2025년의 '지구 생태 용량 초과의 날'은 4월 9일입니다. 우리는 4월 9일부터 후손들의 자원을 빌려 쓰기 시작하는 것입니다.

일본의 '지구 생태 용량 초과의 날'은 5월 8일이며, 중국의 '지구 생태 용량 초과의 날'은 5월 23일입니다. 즉 동아시아 삼국 중에서 우리나라가 가장 1인당 자원을 많이 소비하는 국가입니다.

이제 우리는 인간 중심적인 사고에서 벗어나 자연과 공생하는 방식으로 삶을 바꿔야 할 때입니다. 우리 인간의 존재는 자연과 분리되어 있지 않으며, 인류 또한 생태계의 일부라는 점을 명심해야 합니다.

속도의 시대를 지나
생명의 방향으로

우리가 풍요로운 삶을 누리게 된 중요한 전환
점은 산업혁명입니다.

그전에는 대부분의 사람들이 농촌에서 농사를
지으며, 손으로 물건을 만들고 필요한 것을 직접
해결하는 자급자족 생활을 했습니다. 생산품도 적
고 비싸서 일부 사람들만 많은 물건을 가질 수 있
었죠. 에너지와 자원도 제한적이었고, 모두가 풍
요로운 삶을 살지는 못했습니다.

하지만 산업혁명 이후 인간은 땅속에 묻힌 화석연료를 발견하고 이를 활용해 기계와 공장을 가동하여 대량 생산의 길을 열어젖혔습니다. 생산성이 크게 늘어나면서 인구도 급격히 증가했고, 전기·교통·의료 등 여러 기술이 발전하며 삶의 질이 크게 향상됐습니다.

그러나 이 빠른 성장과 편리함의 이면에는 심각한 대가가 숨겨져 있습니다.

앨빈 토플러 같은 학자들은 현대 사회가 '일회용 제품'과 '단기 소비'에 익숙해지면서 환경에 큰 부담을 주고 있다고 경고합니다. 자원 소비가 급증했고, 경제 성장과 효율성을 최우선으로 하는 자본주의 체제가 자리 잡으면서 자연과의 균형은 점점 무너졌습니다. 인간은 오랫동안 자연 위에 군림하며 지구 환경을 훼손하고 생태계를 파괴했습니다.

우리가 사는 이 시대를 '인류세Anthropocene'라고 부르는데, 이는 인간 활동이 지구의 기후와 생태계를 근본적으로 바꾼 새로운 지질시대라는 뜻입니다. 지구온난화, 생물 다양성 감소, 환경오염 같은 심각한 문제들이 우리를 위협하는 시기에 이르러서야 우리는 겨우 깨닫게 되었습니다. 경제성과 효율성을 좇으며 그동안 지구 자원을 과도하게 사용했다는 사실을 말이죠. 이제 인류는 생존의 갈림길에 섰습니다. '속도'를 잠시 늦추고, 지속 가능한 발전으로 방향을 틀어야 할 때입니다.

지속 가능한 발전은 1987년 『우리 공동의 미래』 보고서에서 처음 그 개념이 제시된 이래 국제적으로 수십 년간 광범위하게 사용되어 온 용어입니다. 보고서에서 지속 가능한 발전은 '미래세대의 발전에 방해가 되지 않는 수준에서 현재 세대가 발전하는 것'으로 정의하고 있습니다. 다시 말해서 지속 가능한 발전은 현 세대의 욕심을 채우기 위해 미래세대가 사용할 자원을 낭비해서는 안 된다는 의미입니다.

하지만, 이미 1.7개의 지구의 생태 자원이 필요해진 우리에게 '지속 가능성'은 어쩌면 비현실적인 상상으로만 남게 될지도 모릅니다. 자연을 '개발과 이용'의 대상으로만 보고, 보존과 보호에는 소홀했던 인간의 무지가 빚어낸 결과입니다.

우리가 사는 세상은 이미 수많은 공생과 공진화로 이루어진 거대한 네트워크입니다. 꽃과 벌이 서로를 부르고, 조류와 균류가 함께 땅을 비옥하게 만들며, 수십억 년 동안 생명은 서로 얽히고설킨 형태로 진화해 왔습니다.

중요한 점은, 지속 가능한 발전이란 '자연과 함께' 이루어져야 한다는 것입니다. 여전히 인간 중심으로 자연을 바라보고 착취할 것이 아니라 식물을 비롯한 모든 생물종의 다양성과 역할을 존중하는 새로운 '공진화'를 고민해야 합니다.

식물이 번식하는 방법은 크게 두 가지 있습니

다. 꽃의 수분을 통해서 종자로 번식하는 방법은 유성생식이라고 하고, 자신의 분신을 만드는 영양 번식은 무성생식이라 합니다. 효율성만을 고려하면 무성생식이 유리하겠지만, 미래를 바라본다면 유성생식이 유리합니다.

변화하는 지구 환경에서 살아남기 위해 식물은 유성생식을 통해 유전자를 다양화하며 변화에 적응하고 있습니다. 우리 인류도 자신의 분신을 대량 번식하는 무성생식 같은 획일화된 규모의 경제 시스템에서 벗어나야 합니다.

지구 생태계가 회복 불가능에 이르기 전에, 우리는 서둘러 식물이 있는 자연으로 다가가야 합니다. 식물과 벌이 서로를 부르며 꽃을 피우듯, 인간도 자연과 손을 맞잡아야 합니다. 인류가 위기에서 벗어나기 위해서는 자연 생태계와 함께하는 지속 가능성으로의 사고 전환이 필요합니다. 우리 인간이 식물을 지구에서 함께 살아가는 동반자로 인식하느냐에 미래가 달려 있습니다.

　지속 가능한 발전은 단지 경제적인 문제만이 아닙니다. 식물과 인간의 관계, 그리고 생명과 생명의 연결성에 대한 깊은 이해와 존중에서 시작되어야 합니다. 식물은 우리의 동반자입니다. 서로 다른 존재들이 어우러져 만드는 공진화의 아름다운 춤 속에서, 우리는 비로소 진정한 지속 가능성을 발견할 수 있을 것입니다.

　미래는 아직 피어나지 않은 꽃잎과 같습니다. 곧 우리가 마주하게 될 내일의 풍경은, 우리가 오늘 어떤 씨앗을 뿌리고 가꾸느냐에 달려 있습니다.

우리의 식탁을 지키는 방법을 알고 있나요?

불과 몇 년 전만 해도 텔레비전 속에는 북극곰이 자주 등장했습니다.

"북극곰을 살려주세요"라는 문구 아래, 사라져 가는 얼음과 터전 위에서 위태롭게 서 있던 북극곰. 그러나 이제는 그 북극곰조차 뉴스에서 사라졌습니다. 왜일까요? 위기가 사라졌기 때문일까요? 실은 그 반대입니다. 이제 그 위기는 북극곰의 문제가 아니라, 우리의 문제가 되었기 때문입니다.

바다의 수온이 상승하면서, 우리가 바다로부터 얻어오던 식량 자원이 급격히 달라지고 있습니다. 더 심각한 것은, 바다 생태계의 터전이었던 산호초가 백화 현상으로 사라지고 있다는 사실입니다. 수많은 해양 식물이 원래 살던 서식지를 잃고 다른 곳으로 떠나거나 자취를 감추었습니다. 그리고 그 여파는 곧 우리의 식탁과 연결됩니다. 머지않아 바다는 더 이상 풍요의 보고가 아니게 될지도 모릅니다.

물 문제도 심각합니다. 이 지구에서 인간이 실제로 이용할 수 있는 담수는 전체 물의 단 2%에 불과합니다. 기온이 오르면 가장 먼저 위협받는 것이 바로 이 마실 물입니다.

기후 위기는 편재하지 않습니다. 지구 어딘가는 폭우로 고통받고, 또 다른 어딘가는 심각한 가뭄에 시달립니다. 이와 같은 기후의 불균형은 세계 곳곳에서 식량 위기를 불러오고 있습니다. 이는 생존을 위한 값싼 식량의 문제가 아닌, '식량 안보' 문제로까지 번지고 있습니다.

농업 전문가들은 현재의 식량 위기를 단순한 공급의 문제가 아니라 생물 다양성과 생태계 파괴에서 비롯된 구조적 문제라고 지적합니다.

과거 인류 문명이 볏과 같은 특정 작물을 집중적으로 길러내며 자연을 '선택'했다는 점을 앞서 이야기했던 걸 기억하시나요? 이를 통해 인류는 배고픔을 해결하고 문명을 일궈냈지만, 자연의 다양성을 줄이고 생태계 균형을 무너뜨린 셈이기도 합니다.

자연 생태계 가치를 인간의 필요에 기반하여 평가하는 관점은 이제 비판받아야 합니다. 우리가 알고 있는 자연 생태계의 지식은 극히 일부입니다. 경제적인 접근 방식에만 의지해서 자연 생태계를 바라보면, 경제적 가치가 낮은 것으로 판명되는 생명체는 보호받지 못하고 외면당할 위협성이 높습니다. 그러나 지구에서 살아가는 생명은 모두, 식물이든 동물이든 생태계 내에서 고유한 가치와 기능을 지니고 있습니다.

생물종의 다양성이 높은 생태계는 극심한 환경 변화에도 무너지지 않고 버틸 수 있는 회복력이 있습니다. 다양성이 낮은 생태계는 작은 환경 변화에도 저항력과 회복력이 낮아 쉽게 흔들리고 무너집니다.

만약 어떤 생태계 내에 특정 생물종을 대신할 만한 다른 생물종들이 없다고 생각해 보세요. 그 생물종이 절멸하는 순간 해당 생태계는 저항력과 회복력이 낮아져 안정성을 잃게 될 것입니다. 특히, 생태계 내에서 중요한 역할을 하는 핵심종이 멸종하면 주변의 다른 종들도 큰 충격을 입게 됩니다. 그렇기에 생물 다양성을 지키는 일은 단지 동식물을 지키는 일이 아니라, 우리의 삶과 식량, 우리의 생존을 지키는 일이기도 합니다.

이제, 무엇을 어떻게 지켜야 할지 구체적인 사례를 살펴볼까요?

우리나라는 1990년대 치산녹화 정책을 펼쳤습

니다. 이로써 세계 5위의 밤 생산국으로 거듭나기도 했습니다만 그보다 중요한 결실은 이 과정에서 산림의 가치를 되살리고 생태계 회복의 가능성을 확인했다는 점일 것입니다.

그리고 지금, 우리가 꼭 알아야 할 또 하나의 시스템이 있습니다. 바로 '시드 볼트Seed Vault'입니다. 시드 볼트란 전 세계의 주요 식물 종자를 영구히 보존하는 시설입니다. 극단적인 기후 재난이나 전쟁 등으로 식량 위기가 닥쳤을 때 미래의 생존을 위한 최후의 안전장치로 작동합니다.

현재 전 세계에는 공식적인 시드 볼트가 단 두 곳뿐입니다. 하나는 유엔UN이 보유하고 있고 다른 하나는 바로 대한민국, 경북 봉화의 백두대간 수목원에 자리 잡고 있습니다.

유엔이 관리하는 노르웨이 스발바르Svalbard의 시드 볼트는 그동안 딱 한 번 문을 연 적이 있습니다. 시리아 내전으로 식량 자원이 고갈된 상황에서, 이곳의 종자를 공급해 먹거리를 지켰다고 합니다. 다시 사람들의 생명을 지키는 데 쓰인 것입니다. 우리나라의 시드 볼트는 2015년 설립되어 현재는 국가 보안 시설로 운영되고 있습니다. 일반인에게 공개되지는 않지만, 우리 모두가 꼭 기억해야 할 시설임이 분명합니다.

이처럼 중요한 종자 자원은 국가 전략 자산이 되기도 합니다.

앞서 봄꽃을 소개하며 이야기했던 '미스김 라일락'을 기억하시나요? 우리가 소홀히 했던 사이, '미스김 라일락', '구상나무', '산딸나무', '호랑가시나무' 등 수많은 우리 식물이 미국 식물 유전자원으로 등록되어 버렸습니다. 우리가 식물 주권의 중요성을 인식하지 못했던 사이, 다른 나라가 먼저 우리의 식물을 자산화한 것입니다.

이제라도 식물 주권의 중요성을 인식하고 식물을 살펴보고 사랑하는 마음을 가져야 합니다. 그 첫 시작은 우선 식물의 다양성에 관심을 갖고, 식물 한 종 한 종에 깃든 고유의 가치와 아름다움을 느낄 줄 아는 데에 있습니다.

식물을 이해하고 지키는 일은 곧 우리 스스로를 지키는 일입니다.

우리 주변의 들꽃, 우리 밥상에 오르는 작물, 숲을 이루는 나무들 모두가 이 지구라는 생태계의 한 구성원이자, 우리 삶의 동반자입니다.

기후 위기 시대, 우리의 식량이자 의약품이자 문화이자 생존 수단이 되어주었던 식물을 향해 고개 숙이고 목소리를 경청하는 일은 이제 선택이 아니라 의무입니다.

6장

식물이 물들인 도시의 색을 더 감상해 볼까요?

저무는 계절에 배우는
식물의 지혜

가을 구름 흩어지고 산은 텅 비었는데 (秋雲漠漠四山空)
소리 없이 지는 낙엽 땅에 온통 붉구나. (落葉無聲滿地紅)
시냇가 말 세우고 돌아갈 길 묻는데 (立馬溪橋問歸路)
이내 몸 그림 속에 든 줄도 몰랐다네. (不知身在畵圖中)

_정도전(鄭道傳, 1337~1398)의 「방김거사야거(訪金居士野居)」

'김 거사'를 찾아 시골 산중을 거닐다 돌아오는 길, 시냇가
에 말을 세우고 나서야 비로소 자신이 그림 같은 풍경 속
에 들어있음을 깨닫게 되었다는 이 시구를 읽고 있노라면
파아랗게 높은 하늘과 붉은 낙엽의 대비가 머릿속에 선명
하게 그려집니다.

여러분도 느끼신 적 있나요?
가을이 오면, 회색 도시도 하나둘 빛을 바꾸어 갑니다.
무궁화는 마지막 꽃망울을 힘껏 터뜨리고, 금목서의 은은
한 향기는 골목 어귀까지 날아옵니다. 그리고 꽃보다 더
화려하게 물드는 단풍잎들, 그 붉고 노란 잎사귀들이 우리
가 사는 도시를 거대한 자연의 화폭으로 바꾸어 놓습니다.

도시 곳곳에 스며든 이 존재들의 생명력이 소중한 이유는
단지 아름다움 때문만이 아닙니다.
식물은 우리가 들이마시는 공기를 정화하고, 눈에 보이지

않는 먼지를 가라앉히며, 마음속 번잡함을 잠시 내려놓게
해줍니다.

꽃과 나무는 그 존재만으로도 많은 것을 우리에게 건네고
있는데, 정작 우리는 그 속에 살면서도 고개를 들어 바라
보는 일조차 잊고 지냅니다. 마치 그림 속에 들어와 있으
면서도, 그 풍경의 가치를 느끼지 못하는 시 속의 사람처
럼 말이죠.

이제 우리 곁에 고요히 피어나고 물들어 가는 꽃과 나무를
천천히 들여다보며,
식물이 전하는 교훈에 귀 기울여봅시다.

1

가을에도 꽃이 피는
나무

가을의 시작을 알리는 입추立秋: 8월 7일가 되어도 아직은 무덥습니다. 여름의 한복판에 꽃을 피웠던 배롱나무는 여전히 붉은빛을 자랑합니다. 이 시기에 배롱나무와 함께 꽃을 볼 수 있는 식물이 있습니다. 가을을 상징하는 대표적인 꽃, 무궁화입니다.

무궁화도 배롱나무처럼 오랫동안 꽃을 피우는 식물입니다. 무궁화 한 송이는 하루만 피지만, 하루에 하나씩 새 꽃이 피어 나무 전체는 계속 꽃을 피웁니다. 우리가 마주하는 무궁화꽃은 아침마다 새롭게 피어난 꽃입니다.

가을바람이 불기 시작하는 처서處暑: 8월 23일가 와도, 이슬이 맺히기 시작하는 백로白露: 9월 7일가 지나도, 밤의 길이가 낮보다 길어지는 본격적인 가을의 시작인 추분秋分: 9월 23일에도 무궁화꽃은 매일 새롭게 피어납니다. 찬 이슬이 맺히기 시작하는 한로寒露: 10월 8일가 되면, 무궁화꽃도 서서히 사라집니다.

'무궁화'하면 사실 꽃보다 이 문장이 먼저 떠오릅니다.

"무궁화- 꽃이- 피었습니다!"

술래가 뒤돌아보기 전에 얼음처럼 멈춰야 하는, 누구나 알고 있는 주문입니다. 제 유년기에는 동네 공터에서 친구들과 "무궁화꽃이 피었습니다"를 외치며 뛰어놀았던 기억이 자리 잡고 있습니

꽃송이는 하루만 피어나지만, 끊임없이 오랫동안 피어나는 무궁화꽃

다. 요즘 아이들은 학교가 끝나도 학원으로 다시 등원하여, 모여서 놀 시간이 없다지요. 그래서 이제는 추억의 놀이가 되었지만, <오징어 게임>이라는 넷플릭스 드라마를 통해 다시 전 세계에 알려지고 있습니다.

'무궁화'는 우리나라를 상징하는 '국화國花'입니다. 애국가를 부르면서 수도 없이 무궁화를 불렀지만, 일상에서 꽃이 없는 무궁화를 구분할 수 있는 사람은 많지 않습니다. 더운 여름이 끝이 나고 가을바람이 불어오는 계절이 되면 꽃을 피우는 무궁화는 지면에서 여러 줄기가 갈라져 나오는 작은 관목입니다.

매화, 목련, 개나리, 벚나무 등 꽃을 먼저 피우는 나무에 꽃이 지고 잎이 나도, 여전히 잎이 없는 무궁화는 늦은 봄까지 앙상한 나뭇가지만을 보여줍니다. 혹시 죽은 건 아닐까, 하는 걱정마저 들게 합니다. 하지만, 삼지창을 닮은 새싹의 잎을 반드시 틔워내지요. 푸르게 자리 잡은 나무들 사이에서 자신만의 속도로 열심히 광합성을 하여 오랜 시간 꽃이 피고 지고를 반복합니다. 무궁화에 꽃이 피면, 그제야 사람들은 그 존재를 알아보고 반기며 한마디씩 합니다.

끊임없이 오랫동안 피어나는 무궁화는 '끈기'와 '영원'을 상징합니다. 그리고 '일편단심'의 의미로 민족의 절개와 충절을 나타낸다고 합니다. 이러한 무궁화꽃의 의미를 담아서 자연스럽게 국민의 마음속에 국화로 자리 잡았습니다.

우리나라 꽃 무궁화의 보급과 진흥을 위해 전국 각지의 공원과 녹지공간에 무궁화동산 조성 사업이 진행되었습니다. 그래서 오늘날에는 누구나 일상생활에서 쉽게 무궁화를 볼 수 있습니다. 대한민국에 살아가는 사람이라면, 꽃이 피어나지 않아도 무궁화를 알아보고 사랑하길 기원합니다.

무궁화꽃처럼 우아하고 화려하지 않지만, 무궁

196

화꽃이 질 때쯤 꽃향기로 가을에 존재감을 드러내는 식물도 있습니다. 밤의 길이가 길어지기 시작하는 추분이 지나고, 찬 이슬이 맺히기 시작하는 한로가 되면 꽃을 피우는 금목서와 은목서입니다.

왼쪽 등황색으로 꽃이 피는 금목서
오른쪽 하얗게 꽃이 피는 은목서

금목서와 은목서는 마주난 긴 타원형 잎겨드랑이에 손톱 크기의 작은 꽃들을 줄줄이 피워냅니다. 많은 나무들이 꽃잎을 떨어뜨리고 한 해를 마무리하며 겨울 준비에 들어가는 늦은 가을에, 코끝을 스치는 강한 향기로 자신의 존재를 드러내는 꽃입니다. 꽃송이는 크기가 작아서 그리 눈길을 끌지 못하지만 향기만은 비길 데 없이 매혹적이라 멀리서도 알아차릴 만큼 아름다운 식물입니다. 강한 향기를 가진 금목서와 은목서는 사랑받는 정원수입니다.

금목서Osmanthus fragrans Loureiro var. aurantiacus Makino와 은목서Osmanthus fragrans Loureiro의 학명은 포르투칼의 식물학자 루레이로Loureiro가 꽃향기를 강조하면서 붙였습니다. 속명인 오스만투스Osmanthus는 향기를 뜻하는 '오스메Osme'와 꽃을 뜻하는 '안토스anthos'의 합성어입니다. 그리고 종명인 프라그란스fragrans 역시 '향기가 있다'라는 뜻입니다.

한편, 금목서와 은목서라는 한글 명칭은 꽃의 색깔에 따라 붙여졌습니다. 등황색으로 꽃이 피면 금목서라고 부르며, 하얗게 꽃이 피면 은목서라고 부릅니다. 금목서와 은목서는 이름에서부터 꽃향기가 맑고 진한, 가을을 대표하는 꽃나무입니다.

복습포인트!

무궁화꽃은 왜 오랫동안 피어 있을까요?
여러분이 오늘 아침 무궁화를 봤다면, 그건 어제 핀 무궁화와는 다른 꽃입니다.
피고 지고를 반복하면서도 기어이 또 새 꽃을 피워내는 무궁화를 떠올리며, 우리 국민의 민족성을 상징하는 무궁화의 의미를 마음에 새겨 보세요.

꽃보다 더 아름다운 단풍

화려한 잎이 꽃이 되는 계절이 있습니다. 가을입니다. 가을은 태양 주위를 공전하는 지구가 태양 고도가 낮아지고 일조량이 줄어들면서 시작됩니다. 낮의 길이가 짧아지고 밤이 길어지면서 기온이 떨어집니다. 가을이 되면, 왜 나뭇잎은 알록달록한 색으로 물드는 것일까요?

이는 겨울잠을 준비하는 나무의 생리적 변화이며, 생존 전략입니다. 겨울 휴면을 앞두고, 나무는 봄과 여름 동안 왕성하게 에너지를 생산하던 잎의 엽록소를 회수합니다. 엽록소는 잎에서 광합성을 하는 소중한 기관이며, 태양 에너지를 화학 에너지로 전환하는 능력이 있습니다.

단순히 태양의 빛만 있다고 광합성을 하지는 않습니다. 대기 중의 이산화탄소 CO_2를 흡수하고, 뿌리에서 수분 H_2O을 공급받아야 광합성을 할 수 있습니다. 광합성을 통해 만들어진 포도당 $C_6H_{12}O_6$은 식물의 생장과 생명 활동에 중요한 물질입니다.

기온이 떨어지면, 식물이 생명 활동에 중요한 엽록소를 회수하는 이유가 무엇일까요?

식물은 동물처럼 변화하는 환경에 맞추어 움직일 수 없습니다. 춥다고 따뜻한 곳으로 이동할 수 없습니다. 뿌리를 내린 곳에서 삶을 시작해 죽음을 맞이하는 생명체입니다. 따라서 변화하는 환경에 적응하기 위해 생장을 멈추는 지혜도 있어야 합니다.

식물이 뿌리를 통해 흡수하는 수분은 광합성을 위해 쓰이기도 하지만, 식물의 형태를 유지하고 영양분을 운반하기 위해 없으면 안 되는 핵심 물질입니다. 뿌리에서 흡수하는 수분은 삶과 죽음의 경계를 나타내는 지표입니다.

비가 적게 오고 건조한 겨울은 뿌리에서 흡수할 수 있는 수분의 양도 여름과 비교할 수 없을 정도로 부족합니다. 따라서 나무는 추운 겨울이 오기 전에 광합성에 쓰이던 엽록소를 회수해야 합니다. 그렇지 않으면 수분 부족으로 말라 죽게 됩니다. 나무는 뿌리에서 흡수하는 수분의 손실과 광합성을 통해 얻는 포도당의 효율을 계산하여, 수분 손실이 많다고 판단되면 줄기에 붙은 잎과의 이별을 통보합니다.

이별은 수분 손실을 막기 위한 잎과의 결별이며, 결별은 줄기에서 잎으로 수분과 영양분이 지나가는 관다발에 내피를 형성합니다. 더 이상 잎으로 수분도 영양분도 공급되지 않습니다. 엽록소는 파괴되기 시작합니다. 수분과 영양 공급이 끊어진 잎은 엽록소가 줄어들면서 광합성을 멈추고, 남은 에너지를 스트레스 완화 및 방충 효과를 위해 다양한 색소를 만드는 데 사용합니다. 이러한 현상이 화려한 가을을 장식하는 단풍입니다.

단풍은 한 해의 노동을 마친 나무가 벌이는 축제라고 할 수 있습니다. '단풍丹楓'은 붉은색으로 변화는 잎을 말하지만, 노랗게 변하는 단풍도 있습니다. 대표적인 것이 은행나무잎입니다. 결국 단풍이라고 하면, 식물의 잎이 붉은빛이나 누런빛으로 변하는 빛깔 이야기입니다. 영어권에서는 단풍을 'Autumn colors'라고 합니다.

안토시아닌, 카로티노이드, 탄닌이 단풍을 만드는 색소입니다. 안토시아닌 성분이 많은 단풍나무와 화살나무는 빨간색으로, 카로티노이드 성분이 많은 은행나무와 아까시나무는 노란색으로, 탄닌 성분이 많은 플라타너스와 느티나무는 갈색으로 단풍이 들어갑니다.

그러니까 단풍색을 콕 집어 한 가지 색이라고 할 수는 없습니다. 같은 나무에서도 잎은 시간의 흐름에 따라 다양한 색을 보여줍니다. 단풍은 낙엽이 되기 전까지 있는 힘껏 한 해를 살아간 잎의 외로운 사투가 보여주는 생명의 찬란함입니다. 단풍은 가을의 꽃보다 더 화려하게 우리가 사는 도시를 비추고 있습니다.

화려한 가을을 장식하는 단풍

환경부 국립생물자원관에서 운영하는 웹사이트 〈한반도의
생물다양성〉에서는 국가생물종목록과 국가보호종, 기후
변화 생물지표종 등 다양한 생물종에 관한 데이터를 얻을 수
있습니다.

[자료실〉생물탐구〉한반도의 꽃 탐사] 메뉴로 들어가면
우리 땅에서 자라나는 다양한 꽃들의 사진과 이름을 확인할
수 있으니 식물종 다양성에 관심이 있다면 한번 접속해서 둘
러 보길 권합니다.

7장

우리는 왜 정원을
가꿔야 할까요?

공원에서 정원으로,
자연 결핍을 넘어 공동체로

낙엽을 밟는 소리, 선선한 바람, 그리고 어느새 몸에 익은 자연의 리듬이 마음속 어딘가에 고요히 잠들어 있던 지난 날의 기억을 조심스레 흔들어 깨웁니다.
바람 따라 흩날리는 나뭇잎을 밟으며 까르르 웃던 가을 소풍날, 친구들과 함께 뛰놀던 운동장, 책갈피에 고이 끼워 두었던 은행잎 한 장의 추억은 여전히 따스한 온기를 품은 채 훌쩍 자라난 나의 곁으로 다가와 조용히 안부를 묻습니다.
바쁘고 복잡한 도시의 일상 속에서도 이런 계절의 풍경을 다시 만날 수 있다는 건 얼마나 큰 위로인지요.

오늘날 전 세계 인구의 66% 이상이 도시에 살고 있습니다. 도시화가 깊어질수록 사람들은 점점 더 절실하게 자연과의 연결을 원하게 되었지요. 세계보건기구(WHO)는 한 사람이 최소 $9m^2$ 이상의 도시숲을 누릴 수 있어야 한다고 권고합니다.

공원은 우리가 잠시 멈춰 쉬어갈 수 있는 자연의 통로이자 휴식처입니다.
나아가 자연과 더불어 살아가고자 우리 스스로 손에 흙을 묻히는 작은 실천의 장으로도 기능하고 있지요.

점점 더 뜨거워지는 이 지구에서, 우리는 작은 혁명을 일으켜야 합니다.
식물과 흙, 햇빛과 바람이 어우러진 정원을 가꾸며 자연을 다시 배우고, 서로를 돌보는 감각을 회복하며, 단절되었던 관계를 이어 나가야 합니다.

사람과 사람, 사람과 식물이 다정히 어울려 살아가는 도시를 위해 우리는 무엇부터 시작해야 할까요?
이제 정원이라는 문으로 조심스레 들어가 함께 고민을 나눠 봅시다.

'자연결핍증후군'이란 말을 들어보셨나요?

도시화가 빠르게 진행된 우리나라는 국민의 90% 이상이 도시에 살고 있습니다. 학교, 학원, 실내 공간에 머무는 시간이 대부분인 도시의 아이들은 자연을 몸으로 경험할 기회가 거의 없습니다. 자연의 냄새, 색감, 소리와 만날 기회와 여유가 줄어든 것이지요. 그 결과, 아이들의 행복감과 삶의 만족도는 점점 낮아지고 있습니다.

자연과 멀어진 아이들은 어떤 변화를 겪을까요?

먼저, 자연을 '불편하고 낯선 곳'으로 느끼며 두려워하게 됩니다. 자연에 대한 친밀감이 낮아지면 생태계를 이해하고 공감하는 능력도 함께 줄어들죠. 이러한 공감 능력 없이는 지속 가능한 미래를 함께 그려가기 어렵습니다.

또한 실내에만 머무는 시간은 운동 부족과 비만으로 이어집니다. 지나치게 청결한 환경은 면역력을 오히려 약화시키기도 합니다. 영국의 의학자 데이비드 스트라찬이 말한 '위생 가설'처럼, 흙과 풀, 미생물과 놀지 못한 아이들이 알레르기나 천식에 더 취약할 수 있다는 겁니다.

자연은 아이들에게 예측할 수 없는 다양한 자극을 주며 창의력과 문제 해결력을 키워줍니다. 반대로 디지털에 익숙한 아이들은 과도한 자극에 노출된 대신, 집중력은 낮고 정서는 쉽게 불안해지곤 합니다. 아이들에게 자연과의 시간은 단순한

'놀이'가 아니라, 온전한 성장을 위한 필수 조건입니다.

이 문제는 비단 아이들에게만 해당되는 것이 아닙니다.

우리 어른들도 바쁘고 디지털화된 삶 속에서 관계가 점점 느슨해지고 있습니다. 빠르게 발전한 산업과 도시, 그리고 디지털 기술 덕분에 우리는 언제 어디서나 타인과 연결될 수 있지만, 깊은 소통은 오히려 어려워지고 있습니다. 메시지가 끊임없이 오가는 가운데, 진심 어린 대화는 점점 줄어듭니다. SNS 속 타인의 '좋은 순간'만을 바라보며, 자신은 고립된 것처럼 느끼기도 하지요. 게다가 재택근무나 비대면 문화로 사람을 만나는 기회도 적어졌습니다.

도시화와 디지털화, 경쟁 위주의 사회는 사람과 사람, 사람과 자연 사이의 거리를 점점 멀리 떨어뜨려놓습니다. 혼자서도 많은 일을 할 수 있는 시대이지만, 자연과 사람 사이의 '관계'가 약해지면 우리는 외로움, 불안, 우울 같은 문제에 더 쉽게 노출될 수밖에 없습니다. 세계보건기구 WHO는 건강을 단순히 병이 없는 상태가 아닌, 신체적·정신적·사회적으로 안정된 상태라고 정의합니다. 그런 의미에서, 자연과의 연결은 곧 건강의 회복이자 마음의 치유입니다.

리처드 루브는 『자연에서 멀어진 아이들』에서 '자연결핍증후군'이라는 말을 처음 썼습니다. 현대 사회에서 자연과 멀어진 삶이 사람들의 마음과 몸, 뇌에 미치는 영향을 설명하는 용어입니다. 그는 자연이 주는 위로가 아이들의 우울감과 주의력 결핍 같은 문제를 줄일 수 있다고 강조하며, "아이들의 건강과 지구의 건강은 하나"라고 이야기합니다. 자연보호운동가 존 뮤어도 "자연은 단지 나무를 얻는 공간이 아니라, 우리 삶의 근원"이라 주장하지요.

우리는 왜 정원을 가꿔야 할까요?

도시에서 사는 우리는 자연과 함께하는 시간이 많이 줄어들었습니다. 꿀벌이 사라지듯, 자연에서 뛰어노는 아이들의 모습도 찾기 어려워졌습니다. 자연은 단순한 배경이 아니라, 우리 몸과 마음을 치유하는 생명의 공간, 살아 있는 공간입니다. 인간관계를 회복하는 것도 중요하지만, 자연과 다시 가까워지는 것이야말로 진짜 풍요로운 삶을 찾는 길입니다. 그 안에서 우리는 다시 건강해질 수 있습니다.

우울증을 겪던 에마 미첼은 자연과 교감하며 1년 동안 마음을 치유한 경험을 『야생의 위로』라는 책에 썼습니다. 이 책은 자연이 어떻게 사람의 정신 건강을 돕는지 보여줍니다. 또한, 안희제 작가는 자가면역 질환인 크론병을 앓으면서도 식물을 돌보며 배운 이야기를 『식물의 시간』이라는 책으로 엮었습니다. "식물을 기른다는 것은 생명을 돌보는 것이 아니라, 삶을 돌보는 일"이라는 말로, 바쁜 삶에 지친 우리 모두에게 고요한 위로를 건넵니다.

생명은 경쟁이 아니라 함께 살아가는 '공생'에 기반합니다. 생명이란 단순히 '살아 있는 것'이 아니라 변화하고 느끼고 연결되는 존재입니다. 우리는 생명을 관찰함으로써 새로운 생명을 얻기도 합니다.

수차례 강조했듯, 우리가 숨 쉴 수 있는 건 식물이 만들어 내는 산소 덕분입니다. 모든 동물이 먹는 영양분도 식물에서 나옵니다. 우리가 사는 도시로 발전할 수 있던 것도 수백만 년 전 식물이 쌓아놓은 태양 에너지가 석탄과 석유라는 형태로 남아 있었기 때문입니다.

모든 생명은 식물이 있는 자연에 뿌리를 둡니다. 가까이 있든 멀리 있든, 식물과 다시 연결되려는 시도는 건강한 삶을 위한 첫걸음입니다.

'공원'은 언제 어떻게
탄생하게 되었을까요?

정원은 무엇일까요?

간단히 말하면, '즐거움과 기쁨을 주는 울타리가 쳐진 땅'입니다. '가든garden'의 어원을 살펴보면 '가gan'는 울타리, '든Eden'은 즐거움과 기쁨을 뜻하는 말로 해석할 수 있습니다. 한자어인 '정원庭園'도 마찬가지입니다. '뜰 정庭'과 '동산 원園'이라는 글자에는, 인간이 자연 속에서 머물고자 하는 본능과 평화로운 이상향을 꿈꾸던 마음이 담겨 있습니다.

정원의 역사는 인류 문명의 탄생과 함께 시작합니다. 고대 이집트와 바빌론의 공중정원, 고대 그리스와 로마의 귀족 정원, 성경 속 에덴동산까지. 인간은 문명을 만들며 동시에 자연을 담은 공간, '자연을 닮은 공간'을 정원이라는 형태로 구현해 왔습니다. 특히 고대인들에게 정원은 단순한 식물 재배지가 아니라, 정신적 안식처이자 기억의 공간이었습니다.

중세 시대로 접어들면서, 정원은 또 다른 형태로 진화합니다. 중세의 도시는 외부 침입과 전쟁의 피해를 줄이기 위해 교회와 성곽을 중심으로 형성되었고, 농업보다는 시장과 길드가 중심이 되는 상업 도시로 성장했습니다. 이 시기는 철저한 기독교 중심의 세계관이 자리 잡고 있었기에, 정원 역시 종교적 색채가 가득합니다.

당시 도심에서 식물을 볼 수 있는 거의 유일한 공간은 수도원이었습니다. 수도원 내부에는 허브

와 약초를 재배하는 실용적인 공간과 함께, '파라
다이스 화단'이라 불리는 상징적인 정원이 있었습
니다. 이곳에서는 제단 장식에 쓰일 꽃을 기르며,
종교적 기쁨을 제공하고자 했습니다.

　이러한 중세 정원의 상징성을 잘 보여주는 작
품이 있습니다. 1400년경 그려진 작자 미상의 작
품 <파라다이스 정원The Garden of Paradise>, 독일 프
랑크푸르트의 슈테델 미술관에 소장된 이 그림의
원제는 'Paradiesgärtlein'입니다. 아가서 4장 12절
의 '호르투스 콘클루수스Hortus Conclusus', 즉 '닫힌
정원' 개념을 기반으로 구성된 이 그림은 성곽 안
의 정원 한가운데에 마리아와 아기 예수, 그리고
성인들이 있는 장면을 묘사합니다. 자연은 신성하
게 보호되어야 할 공간이며, 정원은 그런 신의 은
총이 머무는 곳으로 여겨졌던 것입니다.

파라다이스 정원(The Garden of Paradise),
프랑크푸르트 슈테델 미술관 소장

이후 르네상스 시대가 도래하면서, 정원은 인간 중심으로 다시 변화를 맞이합니다. 베르사유 궁전의 정원처럼 기하학적 정원이 등장하고, 식물은 직선과 대칭을 이루며 인간이 정한 질서에 따라 줄지어 심기게 되었습니다. 자연을 통제할 수 있는 대상으로 인식하며, 정원을 권력의 과시이자 예술 표현 수단으로 사용한 것입니다. 이는 정원이 자연과의 조화보다, 문명의 질서와 인간의 통제력을 상징하는 공간이었음을 의미합니다.

하지만 18세기 영국에서는 이와는 정반대의 변화가 일어납니다. 계몽주의와 낭만주의, 루소의 자연주의 사상이 퍼지면서, 야생 그대로의 자연이 아름답다는 인식이 확산되었고, 그 결과 풍경식 정원Picturesque Garden이 등장하게 됩니다. 이는 프랑스식 기하학식 정원과 달리, 구불구불한 길과 불규칙한 지형, 자연 그대로의 식생을 활용한 정원 양식입니다. 정원이 그림처럼 아름다운 풍경을 담는 그릇이 된 것입니다.

이렇게 수세기에 걸쳐 귀족과 종교 중심의 정원 문화가 이어졌다면, 19세기 산업혁명은 정원과 자연 공간에 대한 접근 자체를 근본적으로 바꿔놓았습니다. 석탄을 연료로 한 공장들이 도시 중심에 들어서며, 도시에는 매연과 폐기물이 넘쳐났고, 급속히 늘어난 인구는 비좁고 불결한 주거지에 밀집되었습니다. 기계와 매연이 지배하는 산업 도시는 더 이상 인간이 편안히 숨 쉴 수 있는 공간이 아니었습니다.

산업화 이전의 세계는 태어날 때부터 신분이 정해지는 불평등한 사회입니다. 그래도 당시만 해도 자연 공간, 즉 숲과 들은 어느 계층에게나 열려 있었기에, 자연을 누릴 수 있는 권리는 그리 큰 격차가 없었습니다. 그러나 산업 도시가 형성되며, 새로운 계층 격차가 자연 공간에까지 영향을 미치게 됩니다. 부르주아는 전원주택과 개인 정원을 소유한 반면, 노동자는 오염된 공기와 악취 속에서 살아야 했습니다. 이러한 자연 공간의 불평등은 삶의 질뿐 아니라 수명에도 영향을 미쳤습니다.

열악한 노동 환경을 개선하려면 단순히 공장을 바꾸는 것만으로는 충분하지 않았습니다. 사람들이 숨 쉬고 회복할 수 있는 공간, 누구에게나 열려 있는 자연이 필요했습니다.

초기의 공원은 '휴식 공간'이기보다는 '공중 위

생'과 '건강'을 위한 공간이었습니다. 의사 존 스노우는 콜레라의 원인이 오염된 물임을 밝혔고, 사회개혁가 옥타비아 힐은 노동자들을 위한 공공 공원을 제안했습니다. 이런 배경 속에서 탄생한 도시공원은 건강한 도시의 숨 쉴 틈, 말 그대로 '도시의 허파'가 되었지요.

초기의 공원은 왕실이 소유하던 정원을 시민에게 개방하는 방식이 많았습니다. 하이드 파크Hyde Park, 리젠트 파크Regent's Park, 그린 파크The Green Park, 켄싱턴 가든Kensington Garden 등은 왕의 사적인 정원에서 공공 공원으로 전환된 대표적인 예입니다.

그러나 왕실 자원이 없는 산업 도시에서는 새로운 방식의 공원 조성이 필요했습니다. 리버풀이 바로 그런 도시 중 하나였습니다. 이곳에서는 도시민의 세금을 기반으로 세계 최초의 공공 도시공원인 '버컨헤드 파크Birkenhead Park'가 만들어졌습니다. 이 공원은 단순한 휴식 공간을 넘어, 시민 누구나 자연을 접할 수 있도록 설계된 근대 도시복지 개념의 시작점이었습니다.

이런 흐름을 눈여겨본 미국의 옴스테드Frederick Law Olmsted는 뉴욕의 센트럴파크를 설계하게 됩니다. 산업화 이후 폭발적으로 인구가 증가하던 뉴욕에서, 도심 한가운데 3.4㎢의 거대한 공원을 만든다는 계획은 처음에는 격렬한 반대에 부딪혔습니다. "사람 살 집도 부족한데 왜 땅을 공원에 낭비하느냐"는 의견도 많았죠. 그러자 옴스테드는 이렇게 말했습니다.

"지금 이곳에 공원을 만들지 않는다면, 100년 후에는 이만한 크기의 정신병원이 필요할 것입니다."

센트럴파크는 당시 뉴욕 최대의 공공 프로젝트로, 돌과 습지로 뒤덮인 황무지를 공원으로 탈바꿈시키는 대규모 사업이었습니다. 50만 그루의 나무가 심어졌고, 바위를 깨기 위해 남북전쟁에 사용된 것보다 더 많은 양의 폭약이 쓰였다고 합니다. 하지만 이 도전적인 공원 조성은 도시 환경과 시민의 정신 건강을 위한 전환점이 되었고, 이후 '조경'이라는 전문 분야의 시작점이 되기도 했습니다.

센트럴파크는 단순한 녹지가 아닙니다. 도시 안에서 자연과 문화, 예술과 휴식이 공존하는 살아 있는 공원입니다. 옴스테드의 철학은 전 세계 도시공원 설계의 기준이 되었고, 센트럴파크는 오늘날까지도 도시공원의 전범典範으로 평가받고 있습니다.

이렇게 정원은 개인의 이상향에서 출발하여, 시대의 요구에 따라 공공의 복지를 위한 공원으로 확장되었습니다. 이제 우리는 다시 공원에서 정원으로, 관람에서 참여로, 도시에서 공동체로 나아가는 길목에 서 있습니다. 단순한 '녹지'가 아닌, 모

두가 기억을 나누고 가꾸는 '살아 있는 공간'으로
서의 정원이 우리를 기다리고 있습니다.

우리는 왜 정원을 가꿔야 할까요?

모두의 기억을 품은
정원의 시대를 향하여

앞서 '도시의 녹색 허파'로 기능하는 공원이 탄생하게 된 배경을 설명했습니다. 이번에는 우리나라에서 공원이 어떤 변화의 물결 속을 지나왔는지 짚어 보고, 시민이 직접 가꾸는 정원 문화의 가치를 조명해 보겠습니다.

우리나라 공원의 법적 시작은 1967년 '공원법' 제정으로부터입니다. 하지만 이때의 공원법은 도시공원을 위한 것이 아니었습니다. 지리산, 설악산 등 국립공원처럼 보호가 필요한 자연을 지정하는 데 쓰였습니다. 도시에는 사실상 공원이 없던 시절이었습니다.

그러다 1980년대에 들어 도시공원법이 새롭게 제정됩니다. 도시의 환경이 나빠지고 쾌적함에 대한 요구가 커졌기 때문이죠. 도시와 사람 사이의 징검다리 역할을 해주는 도시공원의 명소화는 1980년대 후반부터 본격화됩니다.

'파리공원'은 프랑스 수교 100주년을 기념하여 만들어졌습니다. 1990년대 조성된 '여의도공원'은 열병식장이었던 공간을 시민에게 돌려준 사례입니다. 2002년에는 정영선 조경가가 설계한 '선유도공원'이 등장합니다. 정수 시설이었던 부지를 공원으로 재생한 이 공간은 국내 재생공원의 상징이 되었고, 공원 속 콘텐츠와 문화 프로그램이 공공장소를 더욱 풍성하게 만들 수 있음을 보여줬습니다.

2005년 탄생한 '서울숲'은 시민 참여형 공원의

시초로 평가받습니다. 시민단체와 협약을 맺어 운영되며, 민간 위탁 형태의 공원 운영 가능성을 실험했습니다. 이후 문화와 공원을 결합한 모델 '북서울꿈의 숲'이 2009년에 등장합니다. '북서울꿈의숲'을 조성하면서 서울시는 세종문화회관과 협업해, 주말마다 무료 공연이 열리는 '문화가 흐르는 공원'을 실현했습니다. 최근에는 '서울로7017'처럼 도심을 연결하는 보행길 공원이 생기고 있으며, 도시 내 다양한 '틈새 공간'이 새로운 공원의 장으로 재해석되고 있습니다.

2020년대에 들어서는 하천, 도로변, 옥상과 벽면에도 녹지를 조성하는 '도시숲'이라는 개념이 새롭게 등장합니다. 도시공원만으로는 충분한 자연 공간을 제공하기 어려웠기 때문이지요. '도시숲 등의 조성 및 관리에 관한 법률'이 만들어지며 도시 내 녹지 조성이 보다 구체화됩니다. 특히 이 법 제정은 산업화로 인한 미세먼지, 폭염 등 도시 환경

문제에 대응하는 차원에서 매우 중요했습니다. 도시숲은 단순한 장식이 아닌, 도시에서 우리와 함께 숨 쉬는 생명 공간이기 때문입니다.

보통은 일상적인 대화에서 '공원'과 '정원'을 특별히 구분해 사용하지는 않을 것입니다. 도시 주변에 자연이 있는 공간을 흔히 공원, 혹은 정원이라고 부르곤 하지요. 그러나 행정 용어로서는 공원과 정원을 구분할 필요가 있습니다. 법적으로는 도시계획시설로 '설치 또는 지정한' 공간만을 공원이라고 칭합니다. 반면에 정원은 식물, 토석, 시설물 등을 전시·배치하거나 '재배·가꾸기 등을 통해 지속적으로 관리'하는 공간입니다.

기존의 도시공원 사업은 국토부와 지방자치단체가 주도했습니다. 전문가나 행정기관이 설계하고 제공한 시설이 있고, 시민은 그저 '손님'으로서 그 안을 걷고, 이용하는 형태였죠. '시민 참여'를 독려하기 위해 많은 시도를 했지만, 단지 참가로만 그친 겁니다. 함께 만들고, 함께 돌보는 연결은 많지 않았습니다.

반면에 정원은 누구나 만들 수 있습니다. 규모가 크지 않아도 괜찮고, 법적으로 지정된 부지가 없어도 됩니다. 아파트 화단 옆, 옥상, 골목길 옆 빈터도 정원이 될 수 있는 것이지요. 식물을 고르고, 심고, 가꾸고, 돌보는 과정을 통해 이 작은 공간은 단순한 녹지가 아니라, 사람들의 관계와 기억이 자라나는 공간으로 거듭나게 됩니다. 아이들이 심은 꽃, 어르신이 가꾸는 텃밭, 주민이 만든 장독대 하나가 공동체의 이야기를 품은 장소가 되는 거죠. 기존에 공원이 지닌 한계를 극복할 수 있는 대안으로서 정원이 새롭게 주목받는 이유가 바로 여기에 있습니다.

2013년 순천만국제정원박람회를 계기로 시민 관심이 급격히 높아졌고, 2015년 '수목원·정원법' 제정, 2021년 한국수목원정원관리원 설립으로 본격적인 정원 시대가 열렸습니다. 과거 민둥산을 숲으로 바꿔냈던 것처럼, 이제는 도시의 삭막함을 정원으로 치유하려는 노력이 시작된 것입니다.

서울이나 성남, 안산 같은 도시에서는 마을정원, 공동체정원, 학교정원 등의 이름으로 다양한 정원 만들기 사업을 운영하고 있습니다. 어떤 곳은 도시재생사업과 연결해 버려진 공간을 정원으로 되살리고, 또 어떤 곳은 병원 옆에 치유정원을 만들기도 합니다. 이런 흐름은 단지 식물을 심는 것을 넘어 "도시를 시민이 함께 만든다"는 새로운 도시문화로까지 확장되고 있습니다.

누구나 자발적으로 '재배·가꾸기' 할 수 있는 정원은 이제 '전시된 공간'이 아니라, 함께 가꾸고, 함께 즐기고, 함께 회복하는 장소로서 자리매김하는 중입니다.

공원이 도시의 한복판에서 숨 쉴 공간을 만들어줬다면, 정원은 단절되었던 관계를 연결합니다.

골목에서, 담장 아래에서, 옥상 위에서 사람과 사람을 다시 연결하고, 식물과 사람을 하나로 이으며 우리를 회복시키는 작고 강한 연결점이 되어줍니다. 무엇보다 중요한 건, 정원은 누가 대신해 주는 것이 아니라 내가 직접 만들고, 함께 가꾸는 삶의 태도라는 점입니다.

지구온난화Global Warming를 넘어 지구고온화 Global Boiling라고 하는 펄펄 끓는 작금의 지구에서 우리 인류가 적응하기 위해 가장 절실한 것이 아마 자연의 회복력을 강화하는 일 아닐까 싶습니다. 정원은 단지 풀과 나무를 심는 공간이 아닙니다. 정원은 공존의 철학이고, 내일을 믿는 용기이며, 지구 생명체로서 우리가 할 수 있는 작은 실천입니다.

저는 더 많은 정원을 꿈꿉니다. 스토리가 담긴 정원, 지역의 정체성이 드러나는 정원, 그리고 함께 돌보고 지키는 공동체의 기억을 품은 정원이 우리 도시 곳곳에 자리하게 되기를 기대합니다.

　지금 이 순간, 여러분의 정원이 시작될 수 있습니다.

　여러분이 지금 심는 풀 한 포기, 나무 한 그루가 도시 속 어딘가에서 누군가의 마음을 위로하고, 공동체의 문을 열고, 또 다른 생명을 키워낼 거라 믿습니다.

　그리하여 우리의 도시는 진정 화목하고 다정한 세상으로 거듭나게 될 것입니다.

겨울, 종업식

화목한 도시를
꿈꾸며 겨울에도
꽃을 생각합시다.

낙엽이 지고 앙상한 가지만 남은 추운 겨울에도 꽃으로 세상을 비추는 식물이 있습니다. 겨울이 시작되는 입동立冬: 11월 7일이 지나고, 얼음이 얼기 시작하는 소설小雪; 11월 22일이 되기 전에 꽃을 피우는 동백나무입니다.

추운 겨울에 꽃을 피우는 동백나무

녹색 잎과 대조되는 빨강 동백꽃

　　그런데 동백은 왜 꽃을 피우기 좋은 계절을 마
다하고 추운 겨울에 꽃을 피우는 것일까요?

　　이는 동백나무 나름의 전략이라고 생각합니다.
꽃을 피우기 위해서는 엄청난 힘을 쏟아부어야 합
니다. 햇빛을 에너지로 바꾸는 광합성을 통해 만

화목한 도시를 꿈꾸며 겨울에도 꽃을 생각합시다.

들어진 당분과 영양분은 꽃눈을 형성하고 꽃을 피우는 자원입니다. 꽃을 피우는 것은 식물 입장에서 한 해 농사의 많은 에너지를 사용하는 일입니다. 단순히 다른 식물들과 경쟁을 피하기 위한 전략이라고는 볼 수 없습니다. 특히, 벌도 나비도 없는 겨울에 어떻게 꽃가루받이를 할 수 있겠습니까? 이러한 역경을 이겨내기 위해 동백꽃은 곤충을 유혹하는 '충매화蟲媒花'가 아닌 아주 작고 귀여운 동박새와의 전략적 제휴를 택했습니다.

곤충이 사라진 세상에서 작은 동박새 한 마리를 유혹하기 위해 동백꽃은 진한 빨간색 꽃잎과 진노란 꽃술을 만들려고 진화해 왔습니다. 녹색 잎을 배경으로 피어나는 빨간 동백꽃을 우리가 금방 알아보듯이 동박새도 붉은색을 인식합니다. 식량이 부족한 겨울을 나기 위해 동박새는 동백꽃의 꿀을 열심히 빨아 먹습니다. 그러나 세상에 공짜는 없습니다. 꿀을 빨아 먹기 위해 깃털과 부리에 꽃가루를 잔뜩 묻혀 여기저기 동백꽃의 수분을 돕기도 합니다. 이처럼 새에 의해 꽃가루를 퍼뜨려 수분受粉하는 식물을 조매화鳥媒花라고 합니다. 겨울에 피기 시작한 동백꽃은 그 추위가 가장 추운 소한과 대한을 제외하고 봄까지 꽃을 피웁니다.

동백나무는 동백이라는 이름 외에 산다화山茶花라고 부르기도 합니다. 산다山茶는 산에 사는 차나무라는 뜻입니다. 그리고 동백나무와 차나무는 건조하거나 척박한 환경에서 유리한 생존 전략으로 뿌리가 땅속으로 곧게 깊이 뻗는 성질을 가지고 있습니다. 이를 직근성直根性이라고 합니다. 직근直根이 잘리면 재생이 어렵기 때문에 옮기면 잘 죽는 식물이기도 합니다.

따뜻한 기후를 좋아하는 늘 푸른 잎의 동백나무는 제주도, 남해안, 울릉도 등에서 자생합니다. 남도의 주요 사찰에서는 화재에 유독 강한 동백나무를 울타리처럼 숲을 만들었습니다. 불에 취약한 사찰을 보호하기 위한 자연 방화벽 역할을 하도록

화목한 도시를 꿈꾸며 겨울에도 꽃을 생각합시다.

만든 숲입니다. 강진의 백련사, 고창의 선운사, 구례의 화엄사 등에서는 수천 그루의 동백나무가 사찰을 보호하고 있습니다. 특히, 천연기념물로 지정된 백련사의 동백나무 숲은 18년간 강진에 유배당한 실학자 정약용이 살았던 다산초당과 가까워 더욱 유명합니다.

"겨울이 지나야 봄의 꽃이 피듯, 가장 깊은 어둠 속에 희망은 싹튼다"는 말이 있습니다.

차디찬 겨울 시린 바람 속에서도 기어이 붉은 꽃을 피워내는 동백을 마주하면, 흰 눈이 내려앉은 나뭇가지 끝에서 묵묵히 봄을 준비하는 작디작은 꽃눈을 발견하면, 조용하지만 강인한 생명의 힘을 느끼게 됩니다. 그리고 차갑게 굳어 있던 마음에 희망의 꽃이 피어나는 듯 심장이 두근대기 시작하지요.

회색빛 도시 안에도, 우리의 마음속에도,

숨겨진 봄은 언제나 찬란히 피어날 준비를 하

고 있습니다.

　오늘은 잠시 멈춰 서서, 추운 겨울을 견디는 작

은 생명들의 시간을 상상해 보세요.

화목한 도시를 꿈꾸며 겨울에도 꽃을 생각합시다.

꽃봉오리가 통꽃으로 낙화하는 동백꽃

사계절을 함께 걸은 1년의 수업은 여기서 마무
리되지만

식물의 시간은 여전히 지금도, 고요히, 천천히
흐르고 있습니다.

꽃을 볼 수 없는 겨울에도 우리는 꽃을 떠올리며
피어나기를 기다리고, 피어난 것을 기억할 것
입니다.

이제는 바라보는 것에서 한 걸음 더 나아가
식물에게 먼저 다가가고, 이름을 불러주고, 함
께 살아가는 동반자가 되어주세요.

그렇게 식물과 함께 매 순간의 계절을 통과하
는 동안, 당신의 마음속에도 작고 단단한 꽃씨 하
나가 심어지길.

그리고 그 씨앗이,

어느 따사로운 봄날에 기지개를 켜고 일어나

이 세상을 더 화목하게 만들 작은 꽃으로 환하

게 뜨겁게 피어나기를,

진심으로 소망합니다.

화목한 도시를 꿈꾸며 겨울에도 꽃을 생각합시다.

식물과 함께 살아가는 도시생활자를 위한 독서 모임 발제문

1. 식물과 인간, 그리고 우리의 삶

[발제문]

"식물은 단순히 '배경'이나 '장식'이 아니라, 지구 생태계에서 인간과 긴밀히 연결된 존재입니다. 인간 중심적인 시각에서 벗어나, 식물을 하나의 '공존 주체'로 바라보는 태도가 왜 필요한지 토론해 봅시다."

[토론 질문]

Q. 여러분은 평소 식물을 어떻게 바라보고 있나요? 단순한 '식물' 이상의 의미를 부여해 본 적이 있나요?

Q. '자연결핍증후군'이라는 개념에 대해 어떻게 생각하시나요? 우리는 왜 자연과 멀어지고 있는 걸까요?

Q. 여러분은 특정 종을 개량하는 농사법이 옳다고

생각하시나요, 아니면 반대하는 쪽인가요? 그
렇게 생각하는 이유도 함께 나누어 주세요.

2. 계절별 식물과 인간의 감성

[발제문]

"봄, 여름, 가을, 겨울, 계절마다 피고 지는 식물들
을 통해 인간은 자연의 변화를 느끼고 삶의 리듬
을 맞춰왔습니다. 사계절의 식물을 관찰하며 우리
가 얻을 수 있는 깨달음과 감성에 대해 이야기해
봅시다."

[토론 질문]

Q. 여러분이 가장 좋아하는 계절과 그 계절의 대
표 식물은 무엇인가요? 그에 얽힌 추억이 있다
면 함께 이야기해 주세요.

Q. 각 절기마다 여러분이 느끼는 변화는 무엇인가
요? 온도, 바람, 주변의 식물 등 내가 관찰한 자
연의 모습을 공유해 주세요.

Q. 사계절의 변화가 우리 정서에 미치는 영향은
무엇일까요?

3. 기후 위기 시대, 식물과 함께 공생하기

[발제문]

"기후변화와 생물다양성 감소는 인류가 당면한 심각한 문제입니다. 식물의 역할과 우리가 식물과 함께 지속 가능하게 살아가는 방법을 고민해 봅시다."

[토론 질문]

Q. 기후 위기가 우리의 일상에 미치는 영향을 경험해 보셨나요?

Q. 지구 온도가 계속해서 상승한다면 식물은 살아남을 수 있을까요? 각자의 생각을 자유롭게 나눠 봅시다.

Q. SF소설이나 영화, 미술 작품, 혹은 실제 현실에서 찾은 식물과 인간의 공생 사례가 있다면 소개해 주세요.

4. '내 손으로 가꾸는 정원'과 도시공동체

[발제문]

"현대 도시에서는 자연이 점점 사라지고 있지만,

정원 문화는 도시민들이 자연과 관계 맺고 공동체를 형성하는 중요한 방법이 되고 있습니다. 정원과 공원의 차이를 다시 생각하고, '내가 살고 싶은 도시'에 대해 이야기해 봅시다."

[토론 질문]

Q. 여러분이 사는 도시에는 어떤 녹지 공간이 있나요? 그 공간들이 우리 삶에 어떤 영향을 미친다고 느끼나요?

Q. 내 손으로 직접 식물을 가꿔 본 적이 있나요? 그 경험이 어땠는지 나눠 주세요.

Q. 정원 문화 조성을 위해 개인이 실천할 수 있는 일에는 어떤 것들이 있을까요?

독서 모임 진행 팁

책의 서두에 실린 '맛보기 퀴즈'를 통해 분위기를 풀어보세요.

본격적인 토론에 앞서, 인상 깊었던 구절이나 감상을 공유하며 다양한 생각을 나눠보세요.

토론 질문은 모두가 골고루 참여할 수 있도록 순서대로 돌리거나, 소그룹으로 나누어 대화를 진행해도 좋습니다.

계절별 식물 관찰 미션이나 작은 '가드닝' 활동을 독서 모임과 연계하면 더 재미있고 의미가 깊어집니다.

참고문헌

강판권, 『나무사전』 글항아리, 2010.

고규홍, 『나뭇잎 수업』 마음산책, 2022.

김상균, 『초인류』 웅진지식하우스, 2023.

로만 쾨스터, 『쓰레기의 세계사』 흐름출판, 2024.

루이스 다트넬, 『오리진: 지구는 어떻게 우리를 만들었는가』 흐름출판, 2020.

리처드 루브, 『지금 우리는 자연으로 간다』 목수책방, 2016.

리처드 루브, 『자연에서 멀어진 아이들』 즐거운상상, 2017.

마크 기로워드, 『도시와 인간: 중세부터 현대까지 서양도시문화사』 책과함께, 2009.

박상진, 『문화와 역사로 만나는 우리 나무의 세계 1』 김영사, 2011.

박상진, 『문화와 역사로 만나는 우리 나무의 세계 2』 김영사, 2011.

박정재, 『인간의 시대에 오신 것을 애도합니다』, 21세기북스, 2024.

박중환, 『식물의 인문학: 숲이 인간에게 들려주는 이야기』, 한길사, 2014.

벤 윌슨, 『메트로폴리스』, 매일경제신문사, 2021.

사이토 고헤이, 『지속 불가능 자본주의』, 다다서재, 2021.

세계환경발전위원회, 『우리 공동의 미래』, 새물결, 2005.

송길영, 『시대예보: 핵개인의 시대』, 교보문고, 2023.

송준호, 『사피엔솔로지』, 흐름출판, 2023.

스티븐 부크먼, 『꽃을 읽다』, 반니, 2016.

스피로 코스토프, 『역사로 본 도시의 모습』, 공간사, 2009.

안희제, 『식물의 시간』, 오월의봄, 2021.

얼 C. 엘리스, 『인류세』, 교유서가, 2021.

앨빈 토플러, 『미래의 충격』, 범우사, 1997.

에마 미첼, 『야생의 위로』, 심심, 2020.

우종영, 『나는 나무에게 인생을 배웠다』, 메이븐, 2019.

우종영, 『나는 나무처럼 살고 싶다』, 메이븐, 2021.

유발 하라리, 『사피엔스』, 김영사, 2015.

유발 하라리, 『호모 데우스』, 김영사, 2017.

이상태, 『식물의 역사』, 지오북, 2010.

이소영, 『식물의 책』, 책읽는수요일, 2019.

이정모, 『찬란한 멸종: 거꾸로 읽는 유쾌한 지구의 역사』, 다산북스, 2024.

제니퍼 다우드나·새뮤얼 스턴버그, 『크리스퍼가 온다』, 프시케의 숲, 2018.

제이콥 브로노우스키, 『인간 등정의 발자취』 바다출판사, 2023.

조민임, 『중생대 지구 여행: 페름기 대멸종 이후 다시 꽃핀』 플루토, 2024.

좌용주·재이, 『그림으로 읽는 지구 생명의 역사』, 성림원북스, 2025.

최재붕, 『AI 사피엔스. 쌤앤파커스』 2024.

페넬로페 홉하우스·앰브라 에드워즈, 『가드닝: 정원의 역사』 시공사, 2021.

프랜시스 S. 콜린스, 『신의 언어』 김영사, 2009.

홍태식, 『도시나무 오디세이』 디자인포스트, 2024.

위키백과>산소
(ko.wikipedia.org/wiki/%EC%82%B0%EC%86%8C#cite_note-1)

Global Footprint Network 2025, "Country Overshoot Days 2025"
(overshoot.footprintnetwork.org/newsroom/country-overshoot-days)

Strachan DP, BMJ, 1989, "Hay fever, hygiene, and household size".

World Population Review, "Ecological Footprint by Country2025".
(worldpopulationreview.com/country-rankings/ecological-footprint-by-country)

참고문헌

세상 모든 것에 감탄하는
지혜로운 사람들의 공간
호밀밭

도시에서 화목을 꿈꿉니다

ⓒ 2025, 김영하

초판 1쇄	2025년 11월 4일

지은이	김영하
펴낸이	장현정
편집	김미양 정진리
디자인	보통스튜디오
마케팅	최문섭
경영지원	김태희

펴낸곳	호밀밭
등록	2008년 11월 12일(제338-2008-6호)
주소	부산광역시 수영구 연수로 357번길 17-8
전화	051-751-8001
팩스	0505-510-4675
홈페이지	homilbooks.com
전자우편	homilbooks@naver.com
ISBN	979-11-6826-246-1(03480)